筋トレ大学

超初心者でもよくわかる！　自宅でできる

山本義徳
Yoshinori Yamamoto

はじめに

インターネットに溢れる誤った筋トレの知識

かつて、筋トレといえばアスリートや、一般人のなかでも「ムキムキ」を目指す一部のマニアが行うもの、というイメージが定着していました。ところが、近年はあらゆるタレントやインフルエンサーが筋トレ好きを公言。ＹｏｕＴｕｂｅにアクセスすれば、筋トレ動画が星の数ほどアップロードされています。ご多分に漏れず、私もＹｏｕＴｕｂｅにトレーニング動画を投稿していますが、おかげさまで多くの方に視聴いただき、筋トレ人気を肌で実感しています。

ブームそのものは歓迎すべきことでしょう。本書でたっぷりとお伝えしますが、筋トレは筋肉を大きくするだけでなく、余計な脂肪を落としたり、太りにくい体を手に入れたり、健康な体をつくり上げたり、骨を強くしたり、やる気を出したり、脳の働きを良くしたりと、その効果は多岐にわたります。チャレンジ精神をブーストさせる作用もありますから、仕事や恋愛に良い影響をもたらすことさえあります。

しかしながら、筋トレが人気になるなかで、とても残念に思うこともあります。それが、間違った情報が世の中に大量に広まってしまっている、ということです。ＹｏｕＴｕｂｅやウェブメディア、ＳＮＳを中心に様々なハウツーが発信されていますが、残念ながら誤った内容も多く存在しています。厄介なことに、グーグルの検索ランキングやＹｏｕＴｕｂｅの再生回数、あるいはＳＮＳのシェアの数が多いからといって、その情報が必ずしも正しいとは限らないのです。

いくら努力をしても、その方向が間違っていれば、望むような効果を得ることはできません。誤った情報を鵜呑みにすると、お金や時間をムダにするだけではなく、怪我や故障の原因になる可能性すらあるのです。

とはいえ、筋トレにまつわる様々な知識が無料で手に入る今、それを取捨選択するのも至難の業。ＳＮＳやＹｏｕＴｕｂｅで断片的に情報を収集したものの、結局、何から始めていいのかわからない……という方も多いのではないでしょうか。

そこで本書では、筋トレ習慣のないまったくの初心者でも、正しい方法を実践できるようなメソッドをご紹介しています。自分が理想とする体型に近づくには、どんなトレーニングをどの程度の負荷で、どれくらいの期間行えばいいのかを体系的にまとめました。もちろん、基礎的な筋トレの知識をおさらいしたいという、トレーニング経験者の方にも十分役立つ内容となっているはずです。

そのなかでも今回取り上げたのは、自宅で実践できるトレーニングのみ。もちろん、ジムに行けばマシンや重たい重量を使って、筋肉により強い負荷がかけられます。しかし、初級者や中級者であれば、自宅にいながら自重トレーニングやチューブ、ダンベルを使ったトレーニングでも十分。たとえ自宅のみのトレーニングでも、正しいフォームを意識して、食事管理を行えば、今までほとんど運動してこなかった方でも半年後にはシックスパックを手に入れることだってできるのです。

■「1回15分、週2日」でも1か月で筋肉1キロ増

では実際、理想のボディをつくるには、どれくらいの頻度のトレーニングが必要だと思われるでしょうか。毎日？　あるいは「週に5回」といったハイペースな頻度を予想するかもしれません。しかし、筋トレはそこまでやる必要はありません。本書では週2回、多くても週3回の筋トレを推奨しています。また、筋トレ1回に費やす時間も15分前後に設定しています。

これだけだと物足りないように思うかもしれませんが、筋肉は休んでいるときに成長するので、この程度の頻度でも問題はないのです。むしろ、やりすぎに気をつけないといけません。同書の内容で筋トレを1か月続けてもらえれば、筋肉量を1kg増やすことも十分可能です。この1kgは体脂肪ではなく、筋肉による増量。すると、自分自身はもちろん、周りの人からもあなたの体の変化に気づいてもらえる

はずです。「1回15分、週2回」というのは、筋トレ初心者にとってもっとも効率的なルーチンです。これより大きな負荷をかけたところで、そのトレーニングはムダになってしまうでしょう。「ヘトヘトになるまでトレーニングをする」という根性論は捨て、ムダを省き、最新の研究に基づいた時短プログラムをまとめたつもりです。

本書では、初級編・中級編の２段階に分けて、全部で36種類のトレーニングを取り上げています。年齢や体格によって多少異なりますが、初心者（トレーニング未経験者）が初級者にステップアップするまで半年、初級者を卒業して中級者にステップアップするまでをさらに半年と想定しています。初心者は、本書の初級編からトレーニングを始め、中級編に移行するまでおよそ1年かかるとみてください。

初級編で1年と聞くと気が遠くなるかもしれませんが、トレーニングを3か月も続けていると腹筋を目視できるようになる、今までピッタリだったTシャツがキツくなる、ズボンのウエストがブカブカになる……など見た目の変化を実感することができます。食事管理と並行したら半年後にはシックスパックができますし、さらに1年経って中級編に移行したころには、初めて会った人があなたの姿を見て「何か運動でもやっているんですか?」と聞いてくるレベルになっています。ぜひ、地道にトレーニングを続けてみてください。

本書の読み方・使い方

本書の第1章では「筋トレをやるべき理由」を取り上げています。筋トレの効果を知ることで、筋トレをすることの目標がより明確になり、さらにモチベーションが高まるでしょう。

2章からは実践編。おすすめのトレーニングをご紹介していきます。筋トレのメニューは、実に幅広く存在します。一口に「脚の筋肉」といっても、主要な筋肉だけでも太ももの前側(大腿四頭筋)や太ももの後ろ側(ハムストリング)、ふくらはぎ(下腿三頭筋)などがあります。脚を鍛えるにしても、どこを鍛えたいのか、どんな筋肉に憧れるのかによって鍛え方も変わってくるのです。

自分が気になる部位を的確に鍛えたり、理想のスタイルに近づくには、筋トレのバリエーションは多いほうがいい。また、体の硬さや体型などとの相性もあります。そこで、本書では全身を「下半身・肩・腕・腹筋・胸・背中」の6つに分け、各部位でさらに6メニュー取り上げています。

6部位鍛えて全身改造するもよし、「肩幅を広くしたい」など目的に応じて気になる部分だけ鍛えるもよし。具体的な選び方は2章でご紹介しますが、ビュッフェのような形式で自分に合ったプログラムを作ってみてください。

第3章では食事管理の方法について。実は筋トレと食事管理は切っても切り離せないもの。普段口にしている食事が筋トレの効果を左右すると言ってもいいほど、食事は大切な要素なのです。効率的に理想のボディを手に入れるために、ぜひとも食事管理も並行しましょう。

第4章は、Q&Aコーナー。筋トレやダイエットを始めた人、あるいは続けている人が感じやすい疑問や質問に対して、一問一答形式で回答しています。

これらの内容をふまえ、地道に正しい方法で筋トレを実践していただければ、確実に体は変わっていきます。ぜひ筋トレの楽しさ、やりがいを実感してみてください。先に紹介した通り、取り上げているトレーニングはすべて自宅ですぐできるものばかりです。さっそく、今日からでも筋トレを始めましょう。

超初心者でもよくわかる！ 自宅でできる 筋トレ大学◉目次

はじめに …… 2

第1章 運動嫌いこそ筋トレをすべき理由 …… 21

■筋トレ×ダイエット …… 22
ダイエットをするなら「有酸素運動」より断然筋トレ …… 22
内臓脂肪を溜め込む「コルチゾール」 …… 25

■筋トレ×アンチエイジング …… 28
筋トレはもっともお金のかからないアンチエイジング …… 28

中年の悩みは「テストステロン」を増やせば解決!? …… 32
「テストステロン」を増やすには筋トレ …… 34
■筋トレ×健康 …… 37
「インスリン」の働きが悪いと何が起こるのか …… 37
10年先を見据えて、筋肉の資産家になろう …… 41

第2章 実践 3か月で見た目が変わる筋トレプログラム …… 47
■基理想の体に近づく筋トレプログラム …… 48
「週2回」でも確実に筋肉は増える …… 48
【初級】一度に全身を鍛える …… 51
【中級】〝2分割〟で鍛える …… 53

気になる部位のみ鍛える〝ビュッフェ形式〟でもOK …… 55

■「下半身」を鍛えて痩せやすい体に …… 56

【初級】
ワイドスクワット …… 58
ランジ …… 60
ステップアップ …… 62

【中級】
ブルガリアンスクワット …… 64
ハムストリング …… 66
自重ワンレッグ …… 68

■美しい逆三角形の「肩」を作る …… 70

【初級】

パイクプッシュアップ 72
テーブルインバーテッドロウ 74
チューブアップライトロウ 76
【中級】
チューブサイドレイズ 78
チューブリアレイズ 80
チューブフロントレイズ 82
■セクシー度UP! 筋張った「腕」を作る 84
【初級】
チューブカール 86
チューブキックバック 88
リバースプッシュアップ 90

【中級】
ダイヤモンドプッシュアップ……92
インクラインダンベルカール……94
ワンハンドダンベルエクステンション……96

憧れのシックスパック！「腹筋」を作る

……98
【初級】
プランク……100
レッグレイズ……102
ロシアンツイスト……104
【中級】
雑巾腹筋……106
リバースクランチ……108
ジャックナイフ……110

■Tシャツ映えする「胸」を作る……112
【初級】
ワイド腕立て伏せ……114
合掌……116
ダンベルベンチプレス……118
【中級】
ダンベルフライ……120
インクラインダンベルフライ……122
拍手腕立て伏せ……124
■美ボディのベースとなる「背中」を作る……126
【初級】
チューブロウイング……128

チューブプルダウン……130
テーブルロウ……132
【中級】
ダンベルロウイング……134
ダンベルプルオーバー……136
サイドプルオーバー……138

第3章 筋トレ効果を最大限に高める食事術……141

筋トレにダイエットが欠かせないワケ……142
体脂肪が多いと筋トレ効果が落ちる!?……142
インスリンとダイエットの関係……144
体脂肪率「男性17％／女性25％」以上は減量が必要……145
「減量期」と「増量期」のサイクルを繰り返す……146

筋トレには「初心者特典」がある！……148

■「減量期」と「増量期」の取り組み方……151

減量期のポイントは「糖質制限」……151
突然の極端な糖質制限は逆効果……156
減量期の糖質は通常の「3分の1」……157
減量期の脂質は通常の約「2割増」……159
タンパク質は「体重1kgあたり2g」……162
増量期に移行するタイミング……163
筋肉のために積極的に摂りたい食材……166
意外な「高糖質」食品に気をつけよう……177

■サプリメントは積極的に摂り入れよう……180

サプリメントに対する誤った認識……180

積極的に摂りたいサプリメント①「プロテイン」……183
プロテインを摂るべきタイミング……186
積極的に摂りたいサプリメント②「マルチビタミン」……189

第4章 Q&Aで学ぶ筋トレ効果がUPする生活習慣……193

おわりに……220

第1章

運動嫌いこそ筋トレをすべき理由

筋トレ×ダイエット

ダイエットするなら「有酸素運動」よりも断然「筋トレ」

筋トレで痩せたい、体を引き締めたいと望んで、この本を手に取ってくださった方は多いでしょう。実際、筋トレはどんな運動よりも効率的にダイエットできると私は考えています。

ところが、ダイエットを決意した人の多くが、ウォーキングやジョギングといった有酸素運動を始めます。体重を減らすには、1日の消費カロリーが摂取カロリーを上回る必要がありますから、少しでも消費カロリーを増やそうと有酸素運動に精を出すわけです。

しかし、長年にわたって多くのクライアントを指導した経験や、あるいは最新の研究の観点から見ると、有酸素運動メインのダイエットはあまりおすすめできません。なぜなら、有酸素運動がもたらす消費カロリーの量は労力の割には少ないからです。例えば、30分間ジョギングしたときの消費量は約300kcal（時速8／体重70kgの成人男性の場合）、ウォーキング（時速4キロ）だと約110kcal程度。運動する習慣がなければ30分間のジョギングはかなりの気合が必要なので、運動嫌いの人ほど有酸素運動メインのダイエットは非効率なのです。

ここまで読んで、「筋トレの消費カロリーだって、大したことないじゃないか」と反論したくなった人もいるのではないでしょうか。仮に自重スクワットを10分行っても消費カロリーは約47kcal。（体重70kgの成人男性の場合）と、有酸素運動と比較してもそう多くありません。しかし、筋トレには「筋肉の量が1kg増えれば、1日の消費カロリーも13kcal増える」という大きなメリットがあります。

しかも、1日あたり13kcalというのは、単純に〝筋肉そのものが消費するカロリー〟のこと。筋肉が大きくなると、その筋肉を支えるべき他の組織も増えていきます。例えば、内臓が大きくなり、血管が増え、骨も強くなる。さらに、ノルアドレナリン分泌などの影響も加えると、1日に50kcalほど増えるという報告があるのです。

さらに、この50kcalは「安静時代謝」を基準にしています。安静時代謝は、ベッドの上に一日中寝転んで測定するもの。日常生活ではなにかと動き回りますから、少なめに見積もっても、筋肉が1kg増えれば1日60kcal以上の消費量になると考えられます。

これは1か月換算で1800kcalとなり、ほぼ1日に摂取する食事のカロリーに相当します。そして、1年に換算すると、2万1600kcal。体脂肪を1kg燃やすには7000kcal必要と言われていますから、単純計算で3kg落ちることになるのです。

これが筋トレの力。この数字は控えめな見積もりですし、筋肉量が増えていけば消費カロリーも倍増していきます。筋肉が増えると、筋トレをしていないときにもカロリーを効率的に消費してくれるのです。一方で、有酸素運動は基本的には体を動かした分しか消費しません。ダイエットをする上で、筋トレがいかに効率的かわかるでしょう。

この本でお伝えするのは、週2回だけ、1回わずか15分、しかも自宅でできる内容です。ジムに通わなくても、ここまでお伝えした筋トレの効果を得ることはできますし、筋肉をしっかりと増やしていくことも可能なのです。

内臓脂肪を溜め込む「コルチゾール」

筋肉量が増えるほど1日の消費カロリーも多くなるわけですから、1回15分と言わず、トレーニングの量をもっと増やしてできる限り筋肉を大きくしたい、と考える方もいるかもしれません。もちろん、筋トレ上級者は1日15分以上の筋トレを行い負荷を大きくしてもいいと思います。

一方、筋トレ初心者がいきなりハードに、あるいは筋肉痛を無視して毎日筋トレを行うと、オーバーワークになってしまう可能性もあります。そうなると、ダイエットには逆効果。その理由のひとつとして、肥満を誘発する「コルチゾール」というホルモンの存在が挙げられます。コルチゾールは過剰に分泌されると、体内で内臓脂肪をため込みやすくする働きがあるのです。

コルチゾールはストレスを受けたときに分泌されるため、別名「ストレスホルモン」と呼ばれてて り、オーバーワークなどで体に負荷をかけすぎたときにも分泌されます。すなわち、自分のレベルに合っていない負荷の筋トレを行うと、コルチゾールが分泌され、ぽっこりお腹をつくってしまう恐れがあるわけです。

もちろん、筋トレだけでなく仕事や家庭で受けたストレスがコルチゾールを増やしてしまうこともあります。年齢を重ねるといわゆるビール腹と呼ばれるような、下腹がぽっこりとした体型の人が増えてきますが、あれは「ビール腹」ではなく、「ストレス腹」だと思っています。一般的に仕事の重責や家庭の悩みなど、年齢が上がればストレスも増していくものですから、ビール腹が歳を重ねた社会人に多いのも納得できます。

ちなみに、コルチゾールは免疫を担う細胞を攻撃するため、コルチゾールが増加すると免疫力も下がり、風邪をひきやすくなってしまいます。そうしたデメリットを踏まえると、やはり筋トレは〝ちょうどよい負荷〟で行うのがいいと思います。

筋トレ×アンチエイジング

筋トレはもっともお金のかからないアンチエイジング

筋トレの効果はこれだけではありません。筋トレは「若返りホルモン」と呼ばれる、"成長ホルモン"の分泌を促すこともわかっています。この成長ホルモンもまた、我々の体に計り知れないメリットをもたらしてくれます。

成長ホルモンとは、その名の通り成長期に大量に分泌されるホルモンのこと。特に、成長期においては筋肉や骨、内臓など体を全体的に大きくしていく重要な役割を果たします。このホルモン、大人になったからといって無縁の存在ではありません。成長ホルモンは、成人後にも分泌され、脂肪燃焼の促進や体の修復、免疫力アップなど、その役割は多岐にわたります。

そのなかでも、ここではアンチエイジング効果についてお伝えします。「コラーゲンがお肌に良い」という話は多くの方がご存知でしょう。実際に、肌の張りやツヤをもたらす存在なのですが、このコラーゲンの生成に大きく関わっているのが成長ホルモンです。コラーゲンは体内で生成されますが、残念ながら、成長ホルモンも加齢とともに減少し、それに応じてコラーゲンも20代をピークに減少。その後もどんどん減り続け、30代にはピーク時の半分以下になることがわかっています。

歳を重ねるとシワや皮膚のたるみ、シミが目立つようになります。これは、成長ホルモンの分泌が減り、それに伴うコラーゲンの合成能力の低下の影響なのです。加齢とともに減少する成長ホルモンですが、トレーニングによって分泌を促すことは十分可能。体内のコラーゲン合成能力も高め、失われていた肌のハリやツヤを取り戻せます。実際に、トレーニングを習慣的に行っている人は、肌ツヤが良い人が多くいます。もちろん、プロテインなどでタンパク質を積極的に摂取するなど栄養状態の良さも要因のひとつですが、成長ホルモンの影響は絶対に無視することはできません。

さて、ここで言うアンチエイジングとは、単に見た目の問題だけではありません。歳を取ると腰や膝など体の節々が痛くなりますが、コラーゲンは関節などの材料にもなるのです。「変形性膝関節症」という、膝に痛みを感じたり、いわゆる水がたまる症状があります。この関節症の患者にコラーゲンを投与したところ、症状が改善したという研究結果もあるほど。現役世代の方であれば、膝が痛くて歩けないという悩みは非現実的かもしれません。しかし、一日中立ちっぱなしで膝が辛くなったり、デスクワークで腰を痛める人は多いはず。そういった関節系の悩みにもコラーゲンは効き目を発揮するのです。

加えて、筋トレによって筋肉量が増えると、体を動かしやすくなります。筋肉がつけば、それはもうちょっとしたパワーアシストスーツを着ているようなもの。下半身の筋肉が増えれば、以前はシンドかった駅の長い階段も辛さは減少。さらに、コラーゲンが増えると、ロボットでいうジョイント部分に潤滑油をさすようなものですから、さらに体は動きやすくなるのです。

クリニックや美容サロン、サプリメントなどアンチエイジングを謳う施術や商品は、高価かつ効果に疑問を感じるようなものも多くあります。その点、筋トレであればタダで、しかも今すぐ実践可能。この本でご紹介する自宅で簡単に行えるレベルのトレーニングでも、十分なアンチエイジング効果を実感していただけます。

中年の悩みは「テストステロン」を増やせば解決!?

筋トレの効果は、見た目の改善だけにとどまりません。特に注目したいのが、筋トレによって増加する「テストステロン」というホルモンの役割です。

太古の昔、狩りで獲物を捕まえてくるのは主にオスの役割でした。獲物を捕らえて持ち帰るためのフィジカル、獲物の居場所を覚えるための記憶力や仕留めるときの集中力、判断力も欠かせません。さらに、リスクを恐れず獲物や敵にも臆せずに向かっていくためのチャレンジ精神も必要でした。このような「オスらしさ」を司るホルモンがテストステロンなのです。

現代になっても、〝狩り〟が仕事にシフトしただけで、基本的には変わっていません。ビジネスマンも体は大切な資本。また、仕事をする上では判断力やリスクテイクが必要になる場面も少なくないでしょう。あるいは新しい趣味や勉強を始めるチャレンジ精神も重要です。このように考えると文明社会になった今日でも、日常生活のいたるところで、テストステロンの作用が働いているのです。

しかし、重要な役割を果たすテストステロンは、10代〜20歳頃をピークに、その後はなだらかなカーブを描くように減少。そして、40代になるとガクンと分泌量が減ってしまいます。そうなると、オスらしさを担う様々な機能に衰えを感じるようになってくるのです。

例えば、40歳を過ぎた男性がよく口にする「若い頃と比べて無理が利かなくなった」という言葉。若い頃は夜通し飲んでも翌日ケロッとしていたのに、今はオールなんてとんでもない……。そんな人も多いのではないでしょうか。実は、こういった「体力」と呼ばれるものの正体のひとつも、テストステロンの量が影響しているのです。その他にも……

・自信喪失
・憂鬱感
・性欲の低下
・集中力の低下
・睡眠の質の低下

など、「中年の悩みランキング」の上位にランクインするような内容は、実はテストステロンの減少が原因となっている可能性があります。加齢とともに減っていくテストステロンに対し、こちら側が無策では、「若い頃のようにいかなくなった」となってしまうのは当たり前のことなのです。

「テストステロン」を増やすには筋トレ

歳を取ると確実に減っていくテストステロン。しかし、筋トレによって抗うことが可能です。では、筋トレをしたあと、どれくらいでテストステロンが分泌されていくのでしょうか。

その答えは、筋トレをやり始めた直後から。あなたがもし、今この瞬間にスクワットを始めたら、体内ではテストステロンの分泌がすぐに始まります。また、「テストステロンが分泌されればされるほど、体はテストステロンが活動しやすい環境に変化していく」という好循環が発生することもわかっています。

その原理は体内に存在するタンパク質の一種「受容体（レセプター）」との関わりから説明できます。テストステロンが体内で働くには、この受容体と結合する必要がありますが、普段からテストステロンの分泌量が少ない人は、受容体の数も少ない状態です。そこで、筋トレを行うなどしてテストステロンの分泌量が増えると、受容体と結び付けなかったテストステロンが体の中で余った状態となります。テストステロン余りが続くと、体はテストステロンの受容体を増やそうと働きかけます。

そうして、受容体が増えれば、テストステロンの働き自体もよくなる……という相乗効果が生じます。つまり、テストステロンを増やせば増やすほど、その働きはより活発になっていくのです。

また、筋トレは成果や成長を実感しやすい点も大きなメリットです。バスケットボールや野球といったスポーツと比較するとわかりやすいですが、これらの競技は一定のスキルを身につけるために、少なくない時間を要します。例えば、野球でホームランを打つために長い時間特訓したとしても、対戦相手がいる以上三振することもありますよね。対して、筋トレの比較対象は過去の自分。見た目の変化はもちろん、より高い負荷をかけられるようになった、こなせる回数が増えた……など、1週間単位で自分が成長している実感を得ることができます。

面白いことに、テストステロンは「自信」を感じるとより活発に分泌されると言われています。筋トレで自分の成長を実感して自信がつけば、さらにテストステロンが増える。テストステロンは筋肉の発達も促しますから、より筋トレの効果を高めてくれます。その効果を実感することでさらなる自信へとつながりテストステロンが増える……という自信が自信を呼ぶサイクルもつくれるのです。

もちろん、テストステロンは集中力やチャレンジ精神といった、メンタル面にも良い影響を及ぼしますから、私生活でも良い変化をもたらしてくれるでしょう。逆に言えば、加齢にまかせてテストステロンが減っていく一方だと、やる気や集中力が目減りし、自信も喪失する傾向が。そのネガティブな思考がさらなるテストステロン減少を招くという、負のスパイラルを招く恐れもあります。そうした悪循環を断ち切る近道、それが筋トレを始めてみることなのです。まずは1回15分、やってみましょう。

筋トレ×健康

「インスリン」の働きが悪いと何が起こるのか

健康診断で血糖値が高いと言われたことがある人も、ぜひ筋トレを始めてみてください。テストステロンの低下は、やる気や男性機能の低下を引き起こすだけではありません。数あるテストステロン低下の弊害のなかで、特に重大なインシデントが、インスリンの働きが悪化してしまう「インスリン抵抗性」です。

そもそもインスリンとは、ホルモンの一種で、血糖値を下げる役割も担います。糖分が含まれる食事をすると、体内で消化吸収され、血糖値が上昇。上がった血糖値を調整すべく、すい臓からインスリンが分泌されます。インスリンは血液中の糖を筋肉や肝臓などに送り込み、これが体を動かすエネルギーとなります。

インスリンといえば、糖尿病の治療に用いられるイメージもあるでしょう。実は、テストステロンが低いと、糖尿病になりやすいというデータも存在しています。

糖尿病には大きく分けて、2つの種類があります。「1型糖尿病」は、本来すい臓から分泌されるインスリンがほとんど分泌されないために、インスリン注射などによる治療が必要になります。一方、「2型糖尿病」は、遺伝や過食、運動不足などが原因とされています。インスリンがほとんど分泌されない1型に対し、2型はインスリンが分泌されにくくなったり、効きにくくなったりします。

過食などを慢性的に続けていると、肝臓や筋肉に脂肪が蓄積していき、インスリンの働きも悪くなってしまう。すると、すい臓からインスリンが分泌されても、糖を細胞に取り込みにくくなってしまうのです。血液中の糖が上手く取り込まれないため、血糖値が上がり、ひいては糖尿病を発症してしまうのです。

話を戻して、ではなぜ、テストステロン低下がインスリンの抵抗性を引き起こすのでしょうか。その仕組みは、筋力の低下が影響していると言われています。歳を取ると、テストステロンが低下し、筋肉量が落ちていきます。実際に、40歳過ぎたあたりから、脚の筋肉が年に1％ずつ減っていくというデータも発表されています。インスリンは筋肉でも働きますし、体内でもっとも多く糖を取り込むのは筋肉。そんな筋肉が減ると、必然的にインスリンの働きも悪くなってしまうのです。

糖尿病にかかる方のほとんどが2型だと言われています。すでに2型を患っている人、あるいは糖尿病は発症していなくても、テストステロンが低下しインスリン抵抗性がある人も筋トレが有効です。筋トレ自体が糖尿病の改善や予防にも効いてくるというのは、少し意外ではないでしょうか。

インスリンが働きにくくなるインスリン抵抗性は、筋トレにも不都合です。インスリンは栄養を体に取り込む働きがあるとお伝えしましたが、これは筋肉にとっても同じ。インスリンは、筋肉の中にアミノ酸を取り込んだり、筋肉のエネルギーと

テストステロン低下がもたらす悪循環

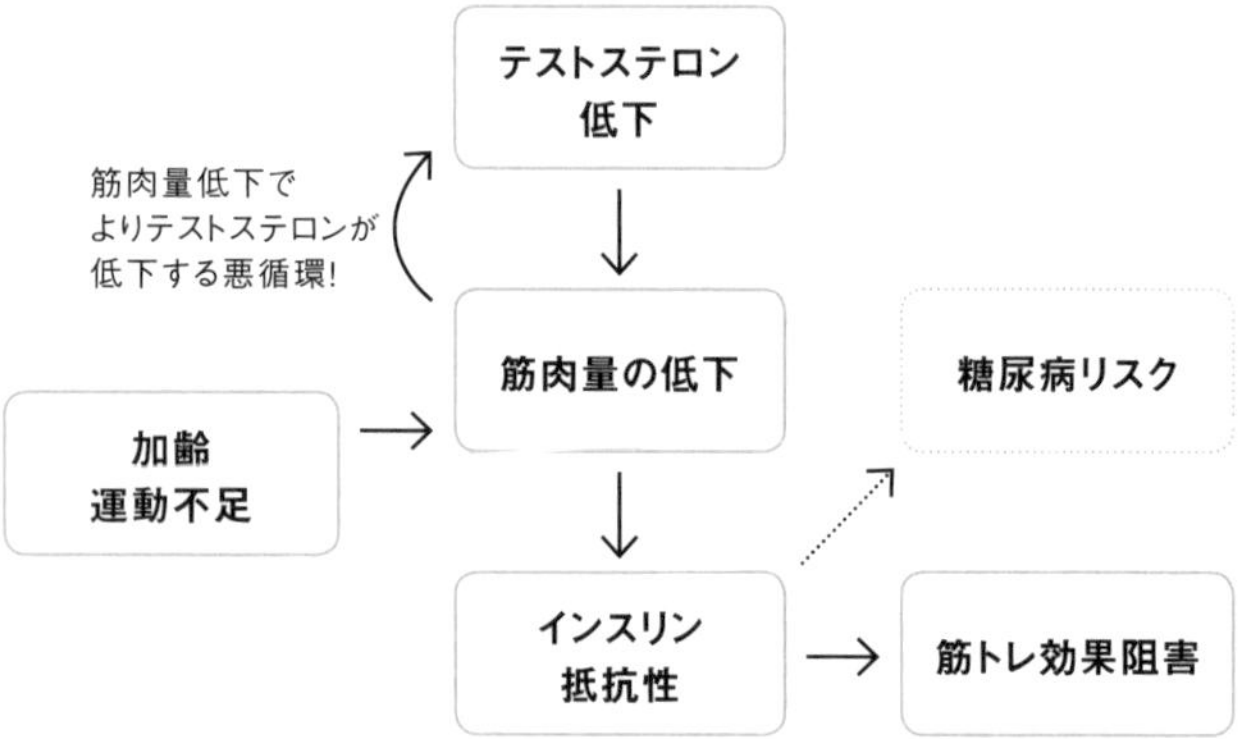

なるグリコーゲンを貯めたりなど重要な役割を果たします。インスリンが上手く働かないと、エネルギーを上手く使うことができず、筋トレのときにもパワーを発揮しづらくなってしまうのです。

インスリンの働きを正常に戻すのは、まず健康面で非常に重要。そして、筋肉がインスリンの働きを促し、その筋肉は筋トレによって増やすことができる。さらに、インスリンの働きが良くなれば筋肉も増えやすくなっていきます。鍵となるのが、テストステロンであり、筋肉なのです。

10年先を見据えて、筋肉の資産家になろう

30～40代になると、老後や人生設計について考え始めます。しかし、自分の筋肉について考える人がほとんどいないのは、とても不思議です。

「老後のために筋トレをしよう」
「人生100年時代に向けて、筋トレで健康寿命を延ばそう」

このようなトピックを見かけることが増えました。しかし、この本の読者の方の大半は、まだまだ老後を鮮明にイメージしてはいないでしょう。実際に、まだ体も元気に動く状況では、将来のことをリアルに考えることは難しいと思います。

最近は、「貯金」を文字った「貯〝筋〟」が提唱されています。筋肉は加齢とともに減少していきます。現役時代は屈強だったボディビルダーも、年齢を重ねると筋

肉は減ってしまう。

よく「脚から老ける」と言われ、老人になると転倒しやすくなります。大きな原因として考えられるのは、やはり筋肉の減少。足には大腿直筋という股関節の屈曲（腿を持ち上げる）や膝関節の伸展（膝を伸ばす）を行う筋肉があります。この筋肉が弱くなると、足を上げる力も低下します。

歩幅がだんだん狭くなり、「こんなところでつまずく?」というわずかな段差で転がってしまう原因になります。大腿直筋のような脚の筋肉は加齢とともに低下していきます。現役世代の方であっても、知らず知らずのうちに減っていく。なにかとつまずきやすくなった、あるいは階段を上るときに下半身が辛いといった方は、すでに筋力の低下が始まっていることも考えられます。

そうやって減少する運命にあっても、筋肉の絶対量が多ければ、老後になっても高い筋肉量をキープできます。例えば、老後に「毎月20万円」の出費（筋肉の減少）

があったとしても、資産が1億円あればお金のことはとりあえず心配せずに暮らせそうです。一方で、資産が５００万円しかなければ……。いつかは底をついてしまいますよね。もちろん、老後も筋トレを続けることで、筋肉を増やしキープすることは可能。しかし、もとの筋肉量が多いのに越したことはありません。

30～40代の方であれば、すでに貯金や積み立てといった、資産形成計画を立てている人が大半のはず。老後になってから、老後の資金について真剣に考え始める人がいれば、多くの人が「遅いよ」と思うでしょう。同じように、ご自身の筋肉にも貯金や投資という考え方をしてみてください。「絶対に儲かる」という謳い文句は詐欺師の常套手段ですが、筋トレに関しては別。やった分、必ず良いリターンが待っています。景気にも左右されず、〝利回り〟も悪くありませんよ。

さまざまなメリットをもたらす筋トレですが、意外なところでは、ガン予防にも有効というデータがあります。「マイオカイン」という筋肉から分泌されるホルモンがあります。２０００年頃に発見され、ここ10年で研究が大きく進みました。細胞を自殺に追い込むような作用のことを「アポトーシス」と言いますが、マイオカインのひとつが、ガン細胞をアポトーシスしてくれることが研究でわかったのです。

筋トレは、骨を強くすることもわかっています。筋トレによって、骨に刺激が加わると、骨密度が上昇。特に、女性の場合には、骨粗しょう症の予防に有効です。

骨粗しょう症は、男性にはあまりなじみがないかもしれませんが、歳を取るとどうしても骨は弱くなってしまいます。ここに筋力の低下が加わると、ささいな段差でつまずき、骨折してしまうことも。こうして寝たきり状態になってしまうケースは珍しくありません。寝たきりとまでいかなくても、足腰が弱くなると、外出も億劫になってしまいます。それはまだまだ現役世代の方も同様。

筋トレによって、筋肉だけでなく骨も鍛えておきましょう。

筋トレを始めるのに、「遅すぎる」ことはありません。何歳になっても発達するのが筋肉だからです。しかし、早いに越したことはありません。歳を取ってから始めるよりも、若いほうが筋肉はつきやすい。同じ量の筋肉を増やすにしても、若いほうが苦労しなくて済むのです。いつかやろうではなく、今このタイミングで始めてみてください。

何度も言っているように、30代や40代あたりから筋力の低下が始まっています。あまり実感しづらいですが、無策では体は確実に「老化」へ向かいますから、「自分はまだ若いから」と言わず、筋トレは早めに始めたほうがいいのです。

第2章

実践
3か月で見た目が変わる
筋トレプログラム

理想の体に近づく筋トレプログラム

「週2回」でも確実に筋肉は増える

第1章では、「あなたが筋トレをやるべき理由」をお伝えしました。第2章からは、具体的な筋トレのプログラムについてご紹介していきましょう。前段階として、筋トレをする上での基本的なルールをしっかり押さえておきましょう。

まずは、筋トレの頻度について。

本書で取り上げる筋トレメニューに関しては、コツコツ〝毎日〟やる、というものではありません。特に初級の場合、私は週2回の筋トレをおすすめします。しかも、1回あたりの筋トレの時間は、ものの15分で終えてしまいます。本書ではわずか週2回、1回15分の筋トレでも、初心者の方であれば1か月で筋肉量を1kg増やせる内容にしました。筋肉量が1kg増えると、消費カロリーは少なく見積もって……というお話はすでにお伝えしましたね。

とはいえ、「本当にこのペースで大丈夫？」と、不安になる方もいるでしょう。ついつい毎日のように筋トレに励む方もいるかもしれません。その気合は素晴らしいのですが、トレーニング後の休息まで含めて筋トレだと思ってください。実は、効率的な筋トレにおいて重要なのが「休日」なのです。

筋肉が増える仕組みを簡単にお伝えすると、筋トレをしたとき、筋肉では「合成」と「分解」が行われます。合成とは筋肉が増えること。分解は、その名の通り筋肉を分解する動き。分解よりも合成が上回れば、筋肉は大きくなっていきます。

トレーニングの翌日も合成と分解は続きますが、できるだけ筋肉の合成を起こし、筋肉の分解は抑えるのが理想。しかし、毎日のようにトレーニングをして合成よりも分解が上回ってしまうと、筋肉は増えていきません。ですから、トレーニングをしない日をつくることが大切。しっかり休むことが、筋肉を増やしていくコツとなるのです。筋肉の分解が終わり、合成が完了するまでの期間が2～3日。その間に追加で同じ部位をトレーニングしたら再び分解が始まってしまい、筋肉がつくられなくなってしまいます。仮に月曜日に鍛えたとしたら、中2～3日開けて、木曜か金曜に2度目の筋トレをやりましょう。

この週2回というペースは、十分に筋肉を休める期間として設定しました。ただし、ここで想定しているのは40代。たとえば、30歳の方であれば、体の回復能力は高いので、週3回やってみてもいいでしょう。その場合は、さらなる筋肉量のアップが期待できます。一方で、50代の方なら「週2回」というよりは「4日に1回」というペースにしてみるのもおすすめです。1週間ではなく8日間サイクルで考えることで、回復させるための期間を十分に取ることができます。

本書ではそれぞれの種目で目標セット数を設定しています。2セット以上こなす種目もありますが、セット間のインターバル（休憩）は、基本的には30秒。もう少し休みたい場合は1分取るのも可。インターバルを終えたら、2セット目を行います。次の種目に移る際のインターバルも30秒〜1分が目安です。1回で6種目もできない、という方は、まずは3種目から始めても問題ありません。筋トレを続けていくと、筋力も体力も増えていきますから、焦らずに増やしていけばいいのです。

【初級】一度に全身を鍛える

本書では「下半身・肩・腕・腹筋・胸・背中」の6部位に分けてトレーニングを紹介しています。各部位では、初級編3種目、中級編3種目で計6種目の筋トレメニューをピックアップ。

したがって、本書では6部位×6種目、全部で36の筋トレメニューをご紹介しています。これから筋トレを始める方は、本書で取り上げているメニューを最初のページから順番にこなしていく必要はありません。ただし、全身を満遍なく絞りたい、というかたには、1回の筋トレで6部位すべてを鍛えることをおすすめします。その際に行う筋トレは、1部位につき1つ。1回の筋トレで合計6つのトレーニングをこなしましょう。6部位こなして約15分前後のトレーニングになります。

初心者〜初級者であれば、初級編の中から6つ（6部位）ピックアップし、1日あたり15分ほどトレーニングをしてみましょう。例えば、「下半身」の部位でピックアップしたトレーニングでは、脚の前側を重点的に鍛えるメニュー、お尻を鍛えるメニュー……というように、重点的に鍛えられる箇所がやや異なっていますので、鍛えたい部位から優先的にチョイスしてもいいでしょう。あるいは、初級編のなかでもさらに難易度を3段階に分けていますので、ひと通り試してみて、できそうだと思った種目をチョイスし、それを優先的に行っても構いません。

ただし初心者の場合だと、そのメニューに慣れることが大切なので、チョイスしたらしばらくはそのメニューに絞って筋トレをこなしたほうが効率はよくなります。大体、2か月は続けてみましょう。

【中級】〝2分割〟で鍛える

筋トレ習慣がまったくない初心者が筋トレを始めた場合、初級編を卒業するのに1年ほどかかります。中級編へレベルアップするときの基準としては、各トレーニングで提示している目標セット数を「楽にこなせるか」。年齢や体格によって多少個人差はありますが、およそ1年間地道にトレーニングを続けていれば、初級編も楽にこなせるようになっているでしょう。

初級者から中級者に上がると、体も慣れてきて回復力もついてきます。中級者になれば、週3回に増やしてみてもいいでしょう。ただし、あまり無理はせず様子を見ながらペース配分を考えてみてください。

また、初級編では、1回の筋トレで全身（6部位）を鍛える方法をお伝えしました。中級者になったらそれを2分割するのもおすすめです。全身を一度に鍛えてもいいのですが、中級編になると一つ一つの種目の負荷が大きくなっていきます。1回で鍛える範囲を限定したら、次のトレーニングまで筋肉を休ませる期間を十分に取れるので、筋肉の合成もスムーズに行えます。

分割の仕方は自由。例えば、夏になるとなにかと目立ちやすい「胸・肩・腕」と、それ以外の「下半身・背中・腹」というふうに分けてもいいかもしれません。ここは自由に選んでみてください。中級編のトレーニングは負荷が高くなるので自然とインターバルを長くとる必要があります。2分割すると1日あたりの種目数は減りますが、初級編と変わらず1日15分ほどのトレーニングとなるはずです。

中級編でも3種目のメニューをご用意しています。3種目すべてをコンプリートしなくても、どれかひとつをクリアできれば中級者を卒業することもできます。そのまま自宅での自重トレーニングを続けてもいいですが、その頃には家で行う自重トレーニングに物足りなくなっていると思いますので、思いきってジムに入会したり、トレーニング器具を購入してみてもいいでしょう。

鍛えたい部位のみ鍛える〝ビュッフェ形式〟でもOK

本書では、筋トレ経験がまったくない初心者の方が、1年以上かけて全身を満遍なく鍛えられるようなプログラムを組んでいます。

一方、「シックスパックはつくりたいけど、肩幅はがっしりさせたくない」など、目指したい体型が明確に決まっている人もいるかと思います。もちろんその場合は、刺激を与えたい部位のみ鍛えてもいいでしょう。

それぞれどの筋肉を鍛えることができるのか、トレーニングごとに記載していますので、ぜひ参考にしてみてください。

また、本書で紹介しているトレーニングの方法は、ＹｏｕＴｕｂｅチャンネル『筋トレ大学』でもとりあげています。ぜひこちらも参考にしてみてください。

「下半身」を鍛えて痩せやすい体に

もしもあなたの希望が「効率的に筋肉を付けたい」のであれば、脚のトレーニングは最適です。全身の筋肉のうち、下半身が占める割合はなんと60〜70%。つまり、脚の筋肉を鍛えれば、全身の60%以上を鍛えられる計算です。これが腕立て伏せなどの場合、鍛えられる筋肉は全身の約30%程度。「胸や腕をたくましくしたい」という人にはピッタリですが、「全体的な筋肉量を増やしたい」という場合は、まずは脚を鍛えることをおすすめします。

また、筋トレのなかで、大きな筋肉を優先的にやることは理に適っています。筋肉が増えると消費カロリーも増えますので、大きな筋肉を鍛えることでその分消費カロリーも増え、痩せやすくなるのです。

ちなみに、脚の筋トレをおすすめすると「いや、脚を太くしたくありません」と言われることがあります。しかし、そんな心配は不要。太くなるほどの筋肉をつけるには、それ相応の努力が必要です。むしろ、脚の筋トレをすると、太ももやふくらはぎなどはすっきりしてきます。ヒップアップ効果もあり、多くの人が憧れる「プリケツ」にも近づいていきます。

ちなみに、女性の間でお尻を鍛えるメニューは大人気。ネイルに興味がある女性が、他人の爪を無意識に見てしまうように、男性のお尻を無意識にチェックしている人も多いそうです。

お尻にも年齢が出てきます。普段の生活では血液循環も悪く、脂肪がつきやすくなる部位です。筋肉が落ち、脂肪がついてしまうと、重力に逆らえず垂れてきます。30代でもお尻が垂れている人は珍しくありません。そんな方でも、筋トレによってヒップアップすれば、筋トレをしていなかった若い頃よりも上向きのお尻を手に入れることは十分に可能です。

初級
★☆☆

ワイドスクワット

セット数
30回×2セット

初級者向けの下半身を鍛える種目として、最初におすすめしたいのは「ワイドスクワット」です。これは読んで字のごとく、脚を広く開けて行うスクワットのこと。通常のスクワットよりも多くの筋肉を鍛えることができます。特に「内転筋」と呼ばれる太ももの内側やお尻に刺激が入りやすくなります。大きな筋肉で体重を支えるので、難易度が低く筋トレ初心者にもうってつけです。

①まず肩幅の2倍程度の広さで足を開き、つま先を外側に向けます。背筋はまっすぐ伸ばしましょう。

②そして、膝を外側に向けるよう意識しながら、太ももが地面と平行になるくらいまで、しゃがんでください。

〈脚〉

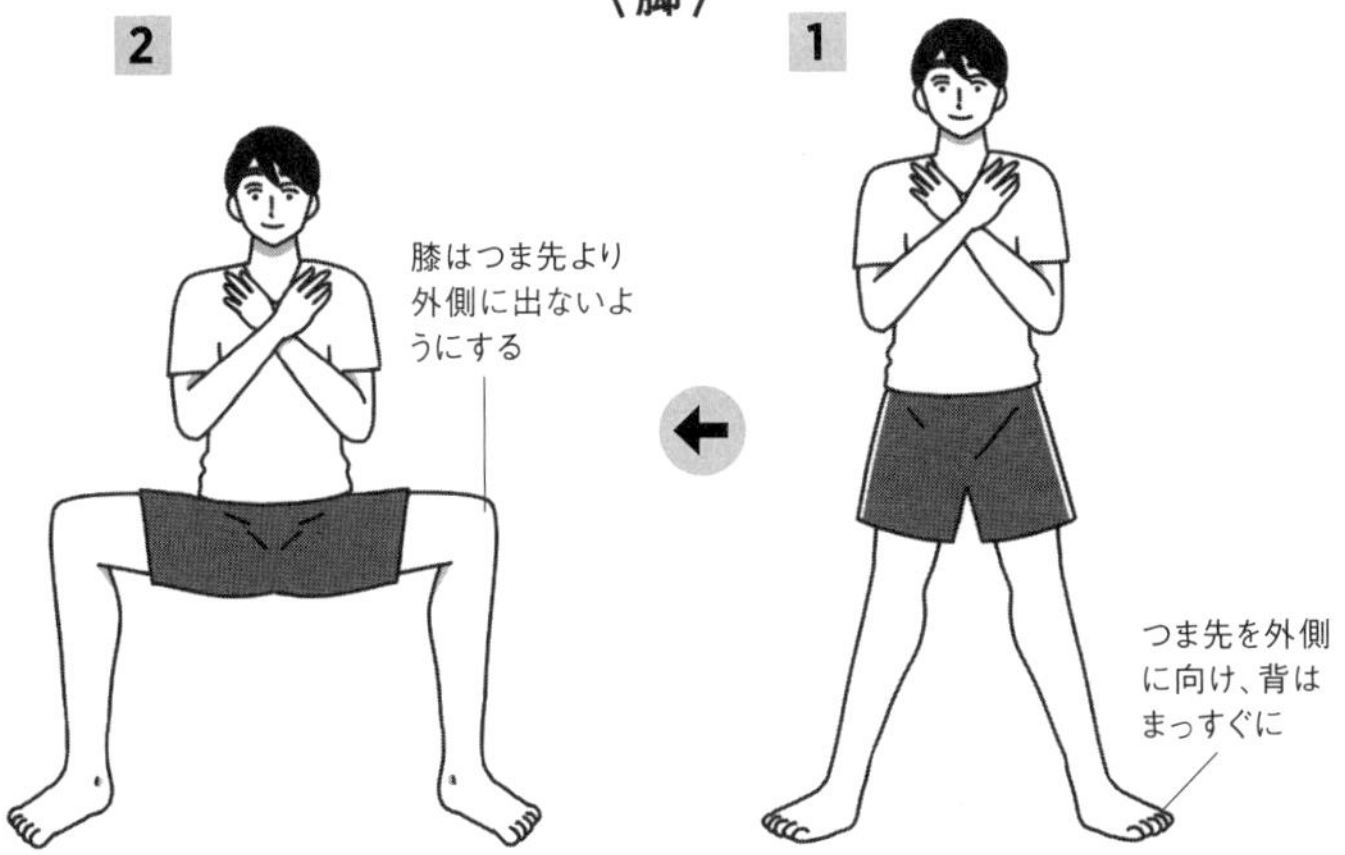

間違ったフォームの代表例は、しゃがんだときに膝がつま先より前に出てしまうこと。膝が前に出てしまうと、お尻やハムストリングと呼ばれる太ももの後ろ側が上手く鍛えられないだけでなく、怪我の原因にもなります。また、沈み込む際には背中が丸まってしまいがちなので、こちらも気をつけてください。

初心者の方なら1セット10回。これを2セット行います。だんだん慣れてきたら、15回→20回と増やしてみてください。30回×2セットが簡単にできるようになったら中級編へレベルアップしましょう。

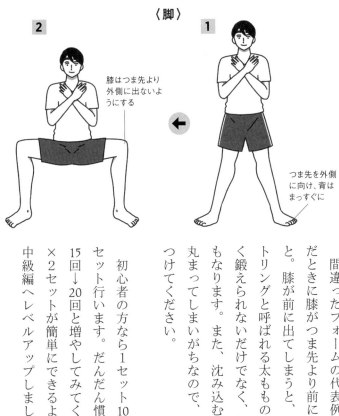

初級
★★☆

ランジ

セット数
片脚20回ずつ

「ランジ」はスクワット同様、お尻の大臀筋や太ももの後ろ側にあたるハムストリングなど、下半身を広範囲に鍛えることができます。また、スクワットではなかなか鍛えられない、大腿直筋という部位を鍛えることが可能。大腿直筋の筋力が低下すると、つまずきやすくなるので、この筋トレは転倒予防にもなります。

①まっすぐ立ちます。

②片足をできる限り前に踏み出し、股関節と膝関節を曲げてしゃがみ込みます。曲げた膝の角度は90度より深くなるように。足幅が狭いとあまり効果が出ないので要注意です。

膝を曲げ終わったら、体を起こして、前に出した足を元の位置に戻します。

〈脚〉

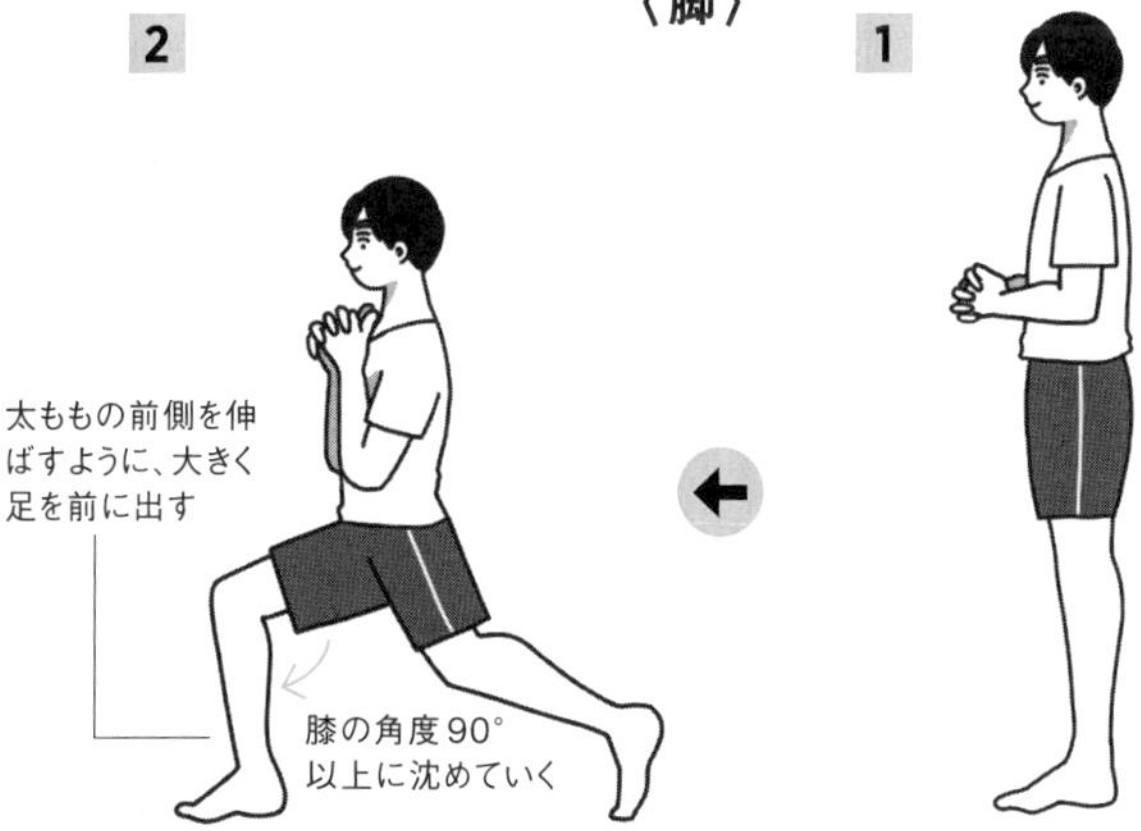
2
1
太ももの前側を伸ばすように、大きく足を前に出す
膝の角度90°以上に沈めていく

片足が10回終われば、今度は軸足を変えて反対側の足でも同じ動作を繰り返しましょう。ワンステップずつ、丁寧に沈み込むように。前に出した脚だけでなく、後ろ脚の太ももの前側が伸びている感覚があれば上出来です。

このトレーニングは軸足が片方しかないので、体勢が不安定になりがち。バランスを取るために筋肉がしっかり使われるので、効率的に鍛えることができます。

片脚ずつ、慣れたら1セット20回まで増やし、それでも余裕でできるようになれば中級編に進んでください。

初級
★★★

ステップアップ

セット数
片脚10回ずつ

これはいわゆる「踏み台昇降」です。踏み台昇降といえば、お年寄り向けの優しいトレーニングというイメージもあるかもしれませんが、椅子などを使って台の高さを上げると、それなりにキツいメニューとなります。このメニューで鍛えられる筋肉は、スクワットとほぼ同じ。なかでも太ももの前側にあたる大腿四頭筋や、太ももの後ろ側にあたるハムストリング、あるいはお尻の大臀筋に効いてきます。

①こちらもランジのように、片脚ずつ行います。最初に左足を鍛えるとしたら、まず左足を台にのせ、そのまま踏み込みます。

②体が持ち上がったら左足を伸ばし、右足も持ち上げ両足で台の上に立ちます。足を上げる際には、階段を上るようなイメージで行うとやりやすいですよ。

〈脚〉

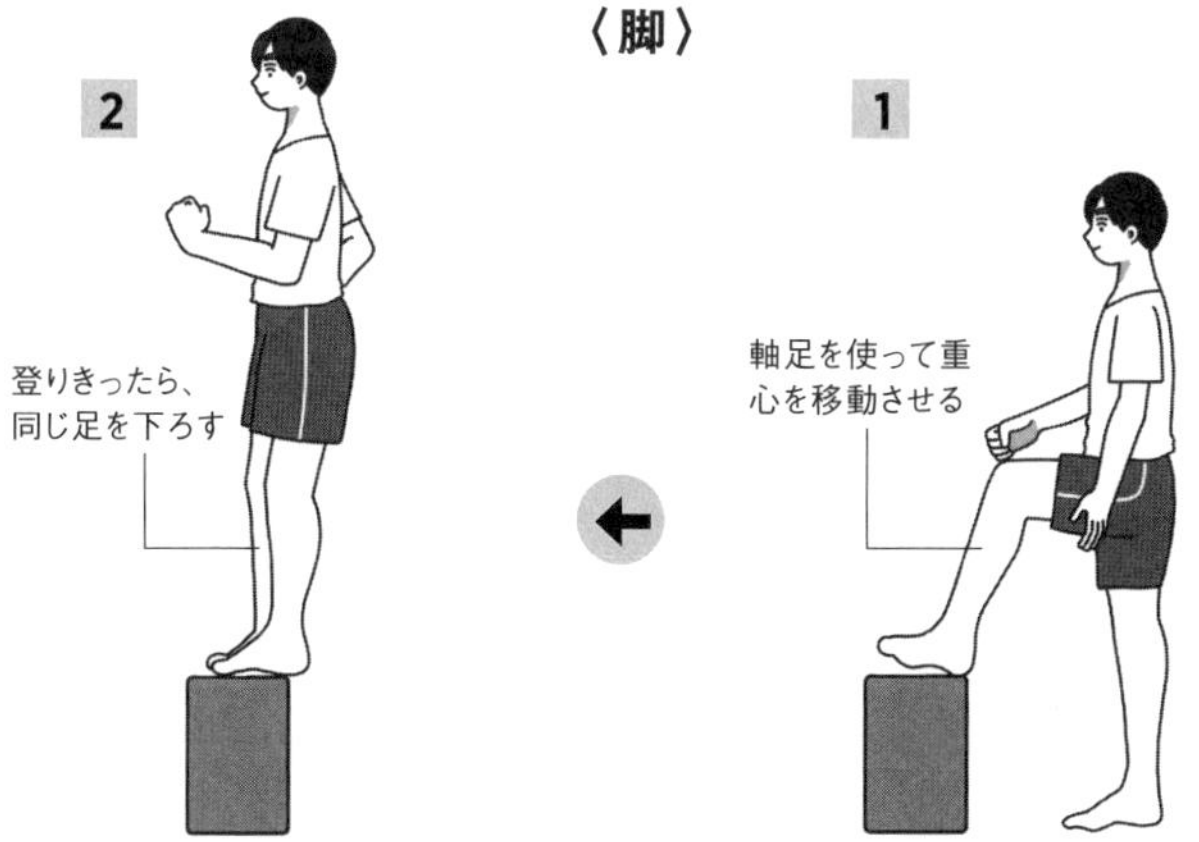
1
軸足を使って重
心を移動させる
2
登りきったら、
同じ足を下ろす

NG例が、体のバネを使って「リズミカル」に上り下りすること。そうなると、鍛えたい部位への刺激が減ってしまうので、しっかり下半身の筋肉を使って重心を移動させましょう。また、段差が低いと効果も減るので、自分の膝の位置くらいまでの高さの台は確保したいものです。

脚を鍛える初級編のメニューのなかでも、ステップアップは意外と難易度が高めなので、10回を目標に。左右の足で合わせて20回を目指しましょう。

中級
★☆☆

ブルガリアンスクワット

セット数
片脚15回ずつ

主に、太ももの前とハムストリング、さらにお尻を鍛えることができる「ブルガリアンスクワット」。特にお尻へ刺激がたくさん入りますからヒップアップ効果が期待できます。

①ブルガリアンスクワットは、片足を台などにのせて行うスクワットです。まっすぐ立ち、片方の足を後方の台にのせます。手はバランスを取りやすい位置に。

②そのまま軸足（台にのせてないほうの足）の膝を曲げて体を沈ませていきます。沈みきったら、バランスをコントロールしながらゆっくりと体を持ち上げます。ランジ同様、バランスを取る際にも筋肉が使われるので、効率的に鍛えることができます。足幅は広めにして構え、股関節を大きく動かすイメージで。

〈脚〉

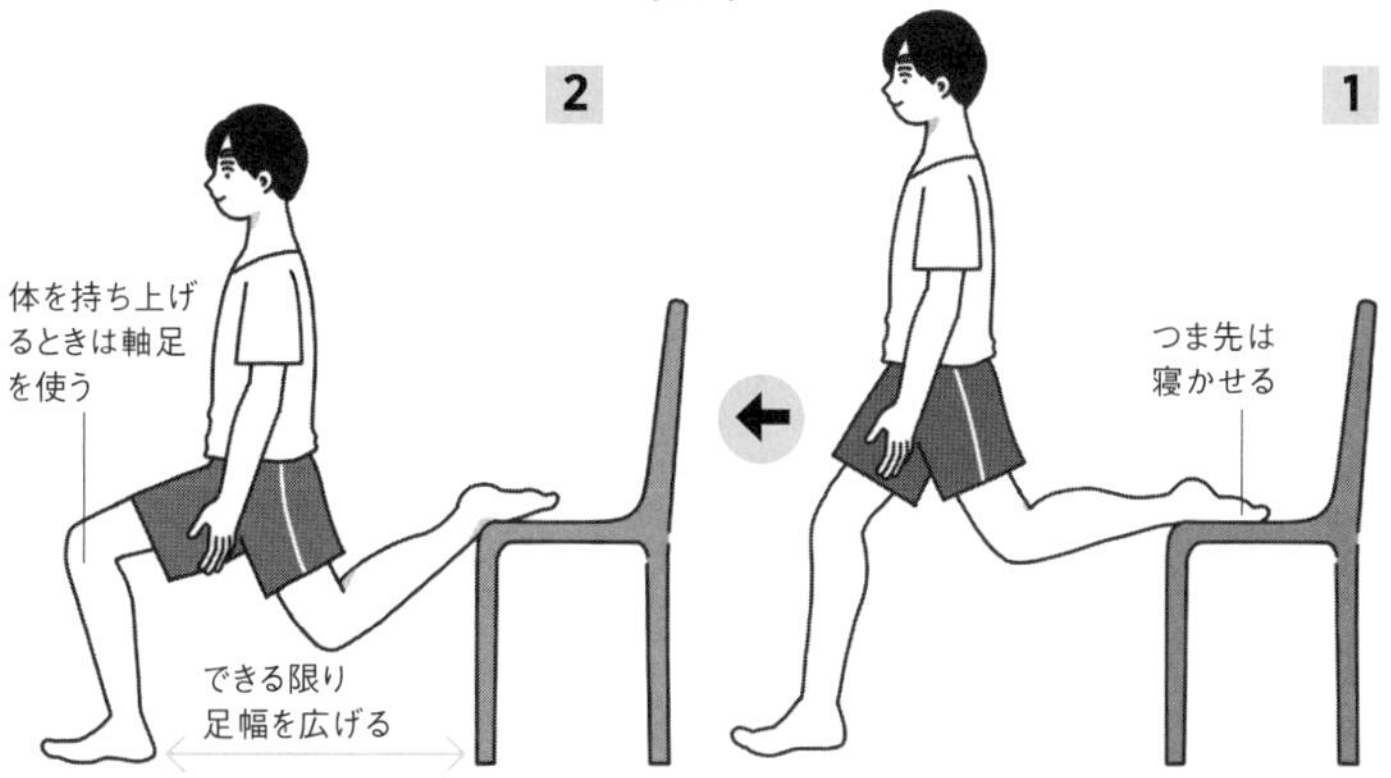

注意点は、後ろの足に体重をかけすぎないこと。感覚的には軸足だけを使って体を持ち上げるイメージです。台にのせた足は、あくまでバランスを取る程度の存在と思ってください。また、台や椅子にのせる足のつま先は立てずに、寝かせること。こうすることによって、軸足を集中的に鍛えることができます。足幅が狭くならないように注意するのもポイント。足幅が狭くなると、太ももの前側を鍛えることができますが、同時に膝に負担もかかってしまいます。上半身はあまり前傾させないようにしてください。

回数は片脚15回（両足で30回）。ちなみに、ブルガリアンスクワットと普通のスクワットを比較したところ、トレーニング後のテストステロン分泌反応は、ブルガリアンスクワットのほうが優れていたという結果も出ています。私がアスリートに指導するときも、ほとんどの競技において必須としているくらい、非常に優秀なメニューですので、ぜひトライしてみてください。

中級 ★★☆

ハムストリングトレーニング

セット数 10回×2セット

「ハムストリング」とは、太ももの後ろ側に位置する筋肉のこと。太ももの前側のほうは鍛えやすく、普段の生活でもよく使う部位なので筋肉もつきやすい。ただ、前側だけ鍛えすぎると、太ももの前後で筋力のバランスが悪くなってしまうことも。ハムストリングを鍛えることで、太ももを満遍なく鍛えることができるのです。

①厚手の靴下を穿いて仰向けになり、膝を完全に曲げきります。その状態で腰を少

〈脚〉

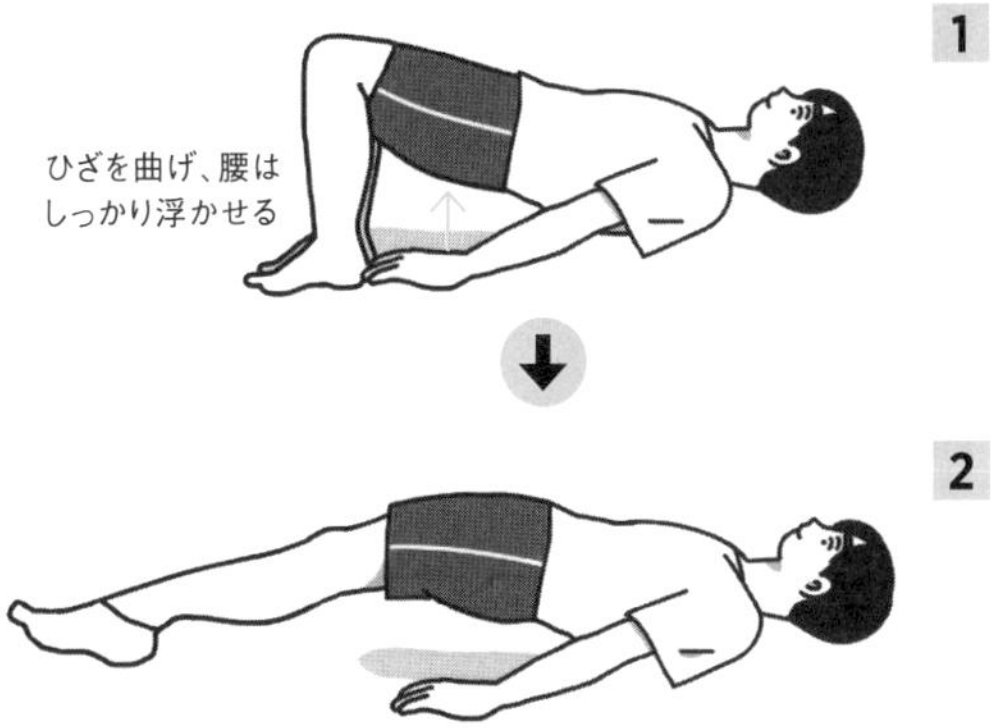

し浮かせます。

②そのまま、踵を前に伸ばしていきます。伸ばしきったら、元の位置まで踵を体側に引き寄せてください。

悪い例は、腰をきちんと浮かせないままやってしまうこと。膝だけ曲げてやっているのでは、効果がほとんどありません。後半になってくるとお尻や腰が沈みがちになりますが、最後まで正しいフォームを意識しましょう。

10回×2セット、合計20回できるように頑張ってみてください。

中級
★★★

自重ワンレッグスクワット

セット数
片脚5回ずつ

下半身編ラストは「自重ワンレッグスクワット」。片脚で行うスクワットです。初級編をクリアした後であれば、1～2回はできる筋力を持ち合わせているはずです。

①台にのって、片脚立ちになります。浮かせているほうの脚は台の外側に。

②腰を引くようにして深くしゃがみ込みます。軸脚のふくらはぎとハムストリングがくっつくまで曲げましょう。そのまま立ち上がる動作で1回。これを左右交互に行います。ふらついてしまう方は、最初は壁などに手をついて行ってもOK。

立ち上がるときは、軸脚の力だけ使うことを意識することが大切です。反対側の脚は、常に伸ばしたままにしましょう。上半身はできるだけ床と垂直に。このメニ

〈脚〉

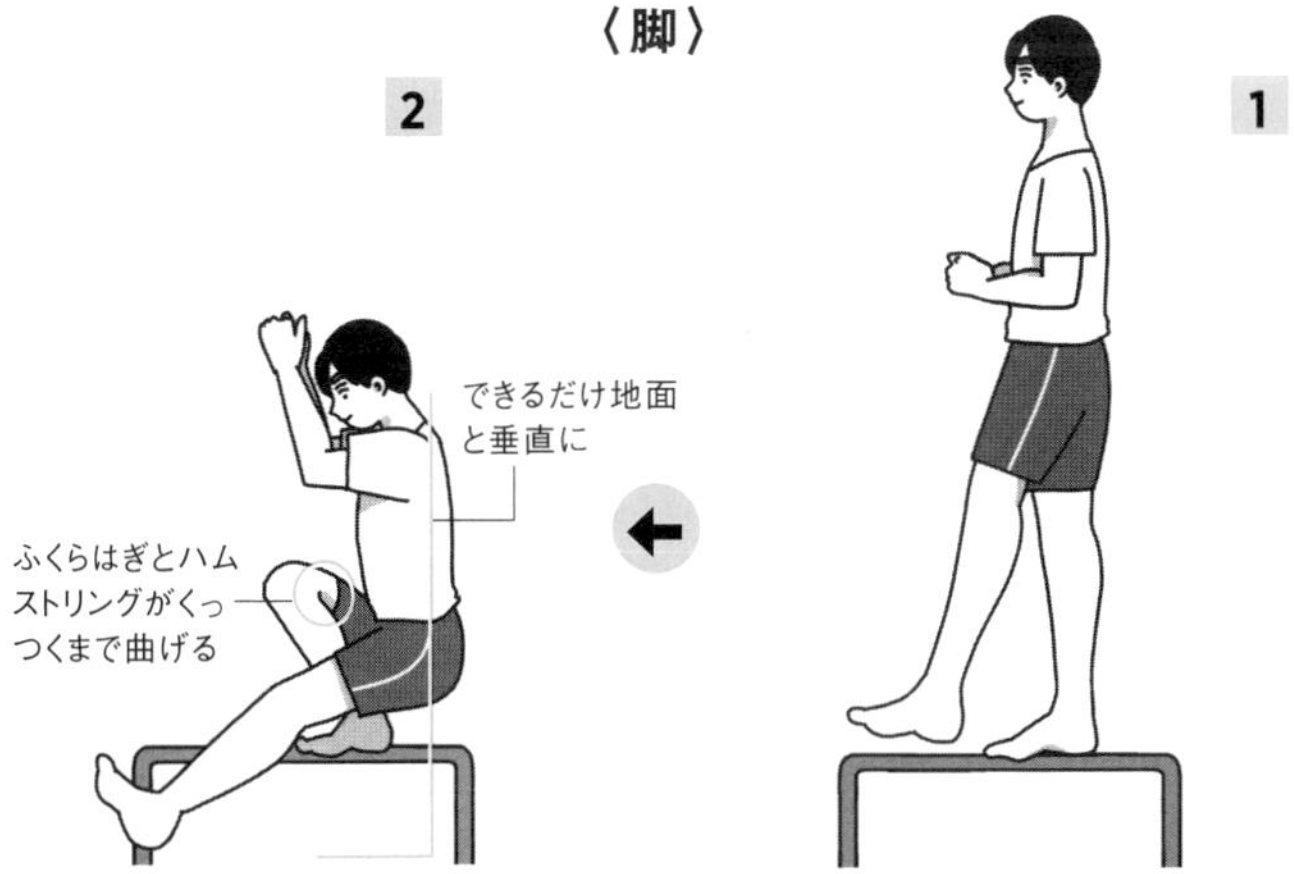
2
1
できるだけ地面
と垂直に
ふくらはぎとハム
ストリングがくっ
つくまで曲げる

ユーは太ももの前側に位置する大腿四頭筋に強い刺激が加わります。立ち上がる際、膝の上の筋肉に効いている感覚を感じながらやってみましょう。

ちなみに、この自重ワンレッグスクワットは、自分の体重を片脚で支えていることになります。例えば、体重70kgの人がこのトレーニングをクリアできたとしたら、単純計算で片脚で70kgを持ち上げていることになります。両脚を使えば１４０kg持ち上げられる計算（脚の重さを差し引く必要があるため、正確にはもっと少ないですが）。自重ワンレッグスクワットが問題なくできる人は、ジムで高重量のバーベルを使ったスクワットが理論的には可能となります。

美しい逆三角の「肩」をつくる

逆三角形の体をつくる上で、非常に重要なパーツとなるのが肩です。「▽」の形をした逆三角形の、上の辺にあたるので、ここのボリュームが小さいと、どうしても逆三角形のフォルムには近づくことができません。逆三角形の体は、肩のボリュームとウエストの細さのギャップによってつくられます。もちろん、ウエストを細くすることも必須になりますが、ちょっとくらいお腹回りに脂肪があっても、肩の筋肉が大きければ、相対的に逆三角形の体に近づいていけるでしょう。

また、「自分の肩幅が狭い」と悩んでいる人にも朗報です。生まれつき肩幅が広い人は骨格に恵まれており、その骨格は後天的に大きくすることは難しいもの。しかし、肩の筋肉である「三角筋」は肩幅の両端に位置しています。そして、筋肉は筋トレによって大きくできますから、この三角筋を上手く鍛えれば後天的に肩幅を広げることはできるのです。

肩幅が広くなれば、いつも着ているジャケットなども、サマになりやすいでしょう。シンプルなTシャツ1枚の着こなしでも、美しいフォルムになります。

実は、肩はトレーニングをする人にとっても人気の部位。「メロンのような肩」と言われる、丸々と鍛え上げられた肩の筋肉は、シックスパックと同じように羨望の的となります。また、肩は普段の生活ではなかなか鍛えることができないため、意識的にトレーニングすることで、すぐに成長を実感することができます。そのため、筋トレを始めたばかりの人にもおすすめの種目です。

ちなみに、肩の三角筋は、前側の「前部」、真ん中の「中部」、後ろ側の「後部」の3つに分けることができます。メニューによって鍛える部位が変わってくるので、これは覚えておきましょう。

初級
★☆☆

パイクプッシュアップ

セット数
10回
×2セット

「プッシュアップ」とは、いわゆる腕立て伏せのこと。「パイク」とあるように、このメニューは、通常の腕立て伏せとは違うフォームで行います。

①通常の腕立て伏せと同じく、まずは四つん這いになります。手は肩幅よりも広めに。足を揃え、踵は上げておきます。そして、体が「へ」の字になるように、腰を引き上げます。パイクとは、尖ったという意味なのです。

②その体勢のまま、腕立て伏せのように肘を曲げていきます。おでこが床に触れるギリギリまで近づけましょう。手の広さを十分に取っているため、肘を90度くらいまで曲げることができ、肩の筋肉に強い刺激を与えることができます。肩の筋肉の前側から真ん中がしっかり伸びている感覚があればバッチリです。

〈肩〉

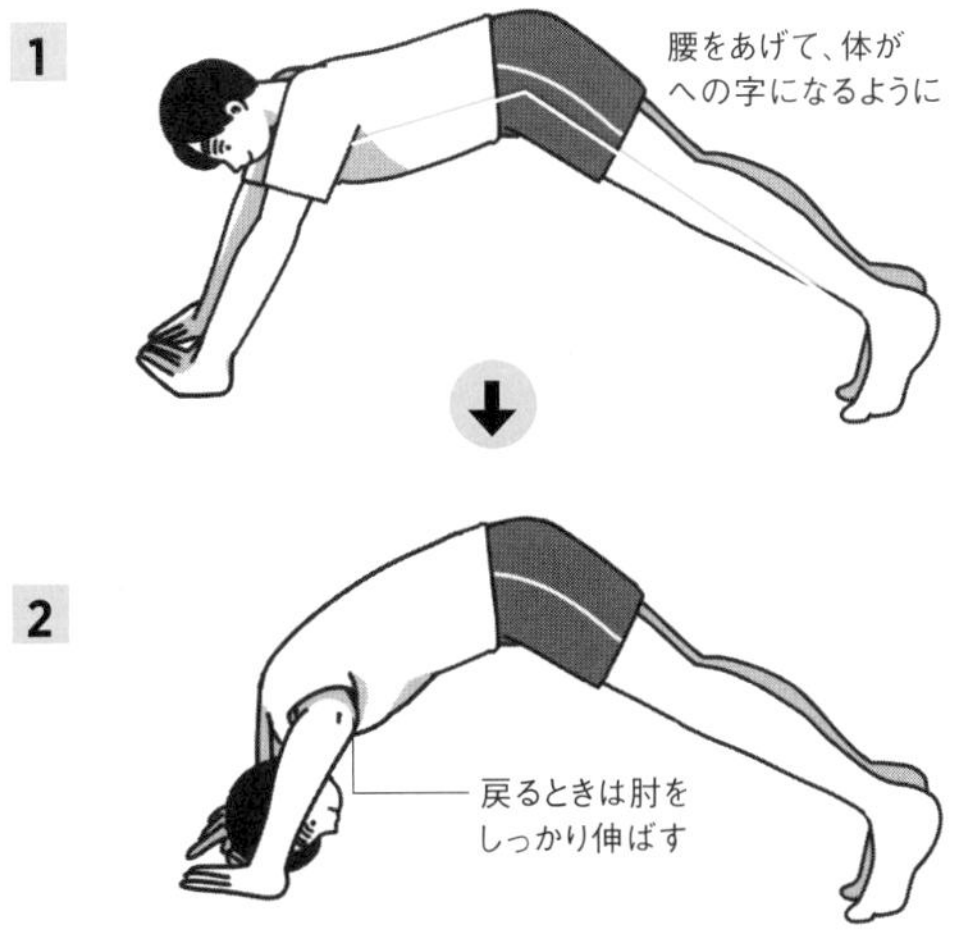
1
腰をあげて、体が
への字になるように
2
戻るときは肘を
しっかり伸ばす

肘を曲げるときは、膝が曲がらないよう注意。膝が曲がると下半身に力が入り、肩の筋肉への負荷が減ってしまいます。

また、スタートポジションに戻っていくときは、肘をしっかり伸ばすことがポイント。そうすることで、肩の筋肉を十分にストレッチすることができます。ストレッチと収縮を効果的に行うことが、筋肉に上手く刺激を与えるコツです。

体重が多い方は必要以上に負荷がかかる可能性があるので、できる人のみトライしてみてください。

初級
★★☆

テーブルインバーテッドロウ

セット数
8回×2セット

初級編の２つ目にご紹介するのは、「斜め懸垂」と呼ばれることもあるインバーテッドロウです。テーブルを使って行うため「テーブルインバーテッドロウ」となります。

「懸垂」と聞くと腕の筋トレというイメージを持つ人もいるかもしれません。しかし、正しいフォームで行う懸垂は、腕にも刺激は入りますが、背中や肩もメインで鍛えることができるのです。

①まずは、安定しているテーブルを用意し、テーブルの下に潜り込むようにして仰向けに寝転びます。手は、肩幅よりやや広めに開き、テーブルの縁を掴みましょう。つま先を揃え、テーブルの高さに応じてまっすぐ伸ばすか軽く折り曲げるかします。

②そのまま胸をテーブルに引き寄せるように、肘を曲げていきます。肘が体の下に

〈肩〉

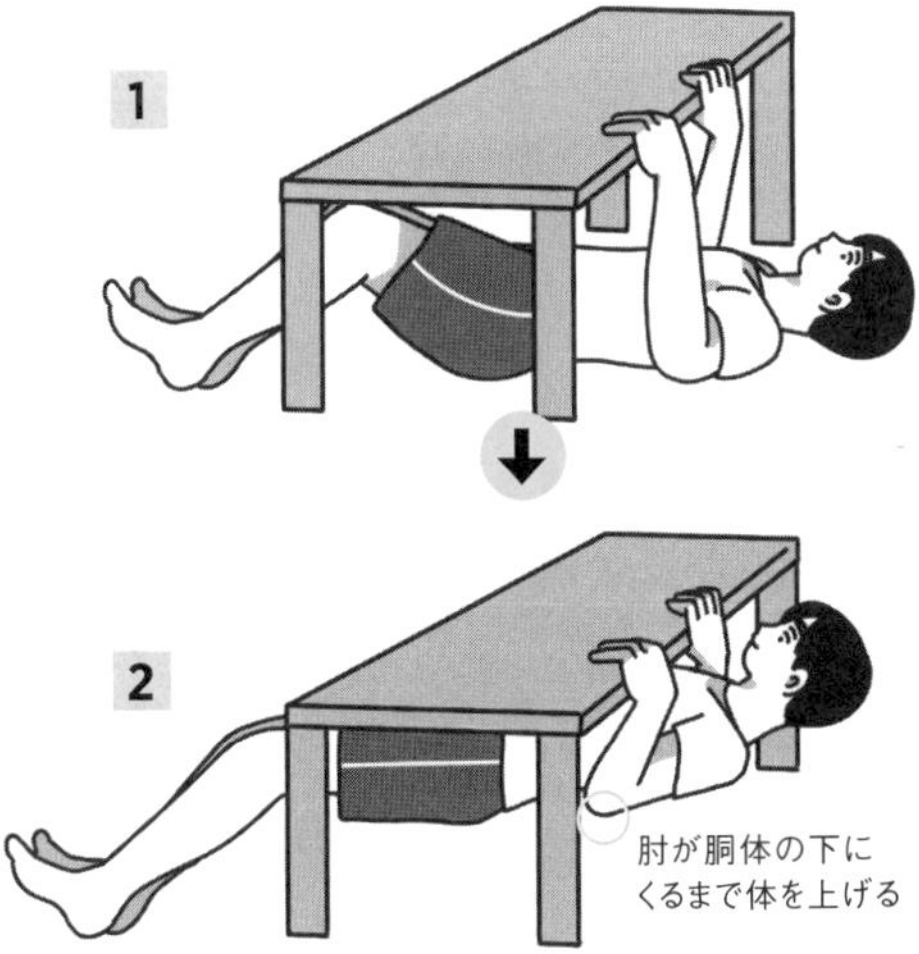

くるまで、体を持ち上げましょう。

懸垂は非常に効果的な種目ですが、難易度がかなり高くなります。体重が重いと1回もできない人もいますし、体重が軽くても筋力がなければ歯が立たないという人も。

しかし、テーブルインバーテッドロウであれば、足が床についているので、上半身のコントロールがしやすく、多くの人にとって実践しやすくなります。こちらのメニューは肩の、特に後ろ側を鍛えることが可能です。

初級
★★★

チューブアップライトロウ

セット数
15回
×2セット

このメニューは、チューブを使って行うため、「チューブアップライトロウ」と呼ばれます。チューブを使う目的は、その伸縮性を利用してトレーニングの負荷を上げること。

チューブはトレーニング専用のものが販売されていますので、ぜひ購入してみてください。自宅でできるトレーニングの幅が広がります。

①まっすぐ立って、チューブを足で踏みます。両手にチューブを持ち、腕は下ろした状態に。このときチューブがたるんでいると、うまく負荷がかからなくなります。

②チューブを握りながら腕を持ち上げていきます。手の甲は前に向けたまま、肘を曲げながら上げていきましょう。肘は体の横を丸く軌道を描くように曲げていきます。腕を上げきったとき、拳と肩のラインが床と平行になっていればOK。肩より

〈肩〉

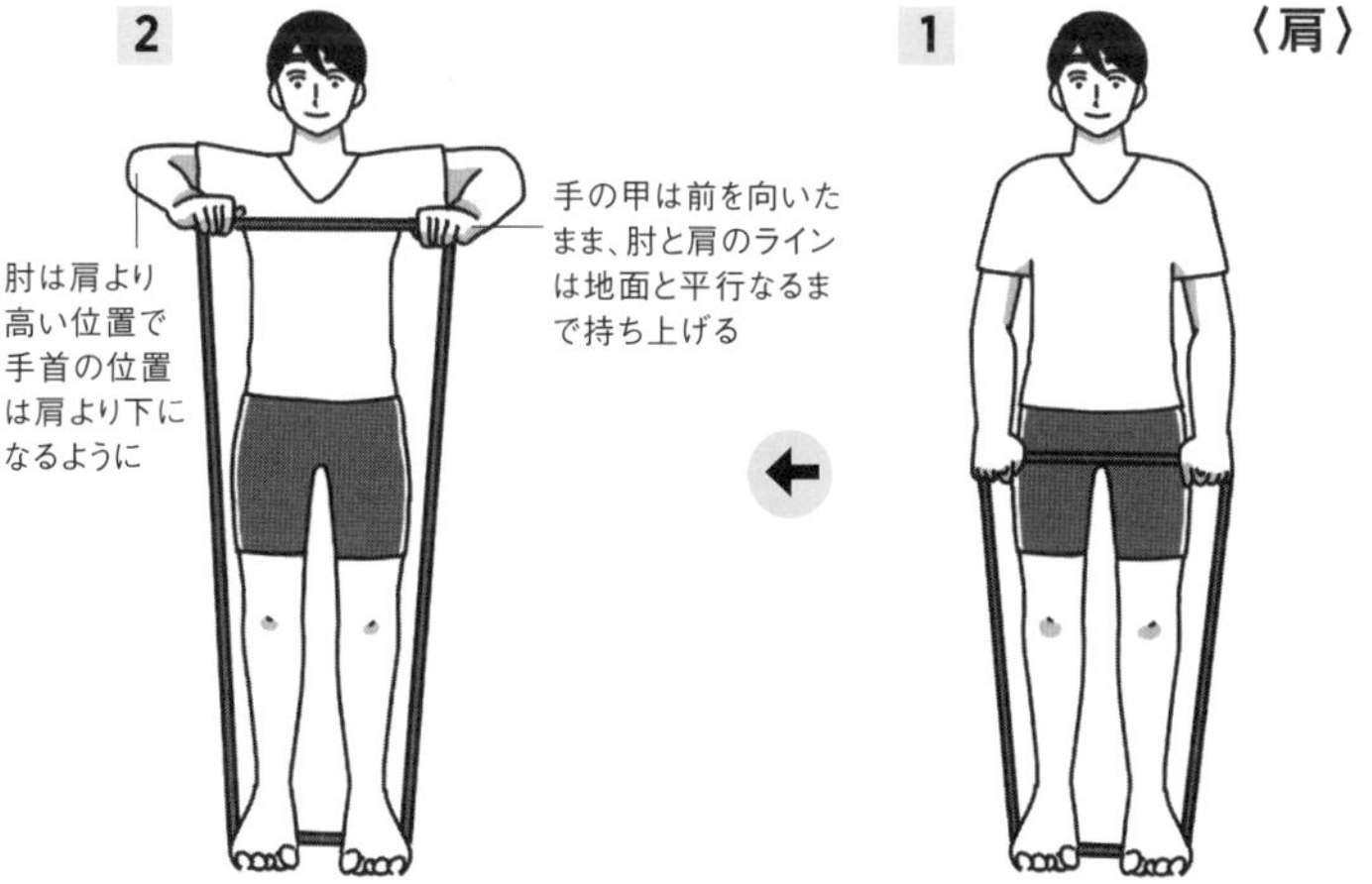
1
2
手の甲は前を向いたまま、肘と肩のラインは地面と平行なるまで持ち上げる
肘は肩より高い位置で手首の位置は肩より下になるように

も高い位置に肘がきているとベストです。

チューブアップライトロウは肩全体に刺激を与えることができます。スタート時の手幅を広くすると肩の三角筋の中部に、狭くすると三角筋の前部に効きやすくなります。

このメニューは、腕（上腕二頭筋）などの複数の筋肉を補助的に使えるので、難易度も低め。初心者でもチューブを使うことで気軽にトレーニングできます。

チューブサイドレイズ

中級
★☆☆

セット数
15回
×2セット

「サイドレイズ」は　肩の三角形のなかでも特に中部を鍛えることができるメニュー。ジムでも肩を鍛えたい人が盛んに行っているトレーニングです。

①スタートポジションで、手は体の真横に。気をつけのポーズと同じように、手を置いてください。スタート時から、チューブはピンと張った状態にしましょう。

②弧を描くように腕を上げていきます。腕と体が大体90度の角度になるくらいまで上げていきましょう。

NG例は、腕を上げるときに肩をすくめて首のほうに上がってしまうこと。これでは肩に入るはずだった刺激が逃げてしまいます。キツくなると、僧帽筋という首から背中にかけて走る筋肉の力でチューブを上げようとしてしまいますが、このメ

〈肩〉

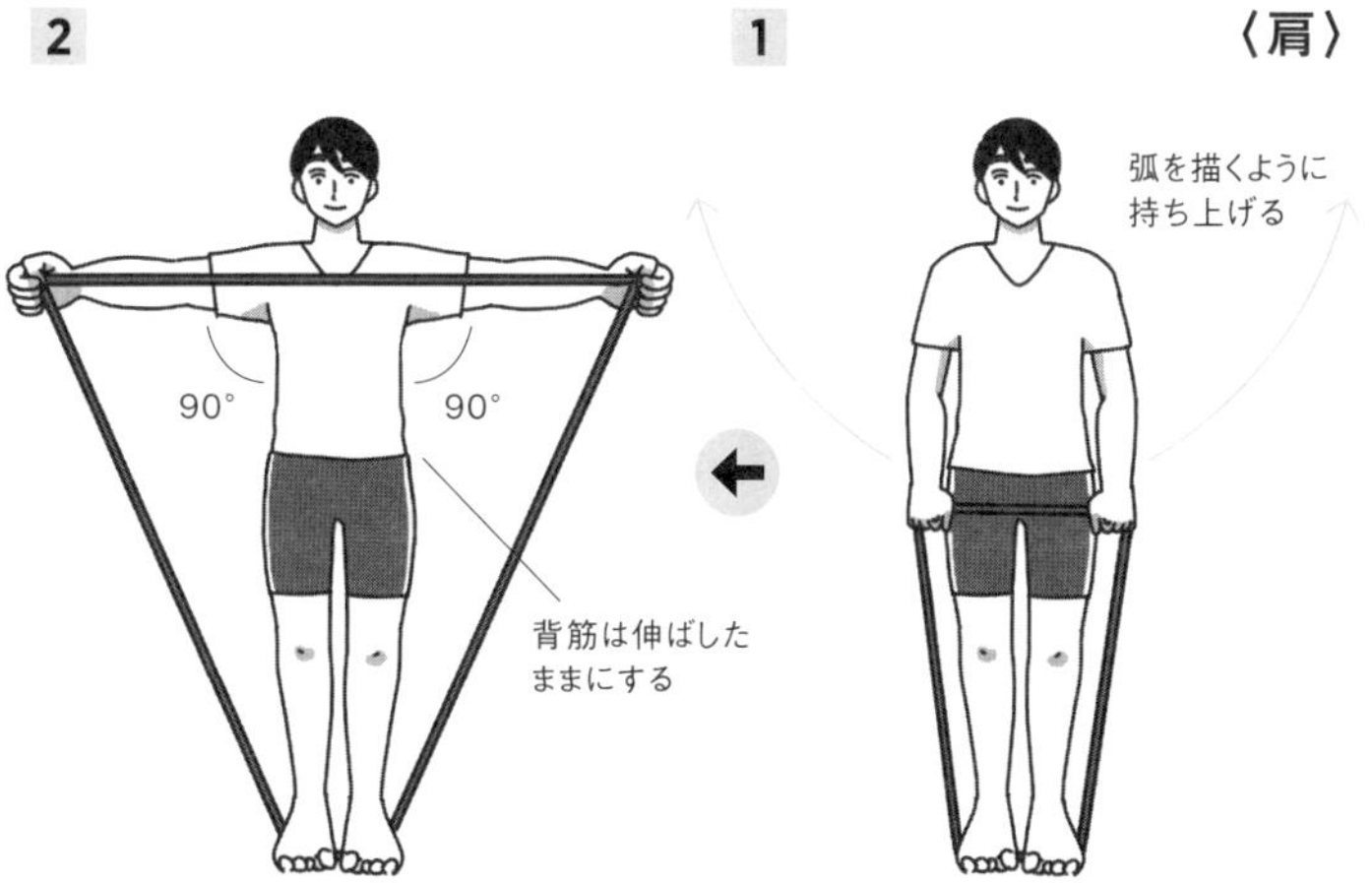

1
弧を描くように
持ち上げる
2
90°
90°

ままにする

ニューはあくまで三角筋を鍛えることが目的なので、肩の筋肉を使って腕を上げるように意識してください。また、体が前かがみにならないよう、背筋は伸ばしたまま行うのもポイント。あまりに前かがみになってしまうと「チューブリアレイズ」という別の種目になってしまいます。

他の部位のトレーニングで、副次的に肩の筋肉が鍛えられるというのはよくあること。しかし、肩の中部に限っては意識して鍛えないと、刺激が加わりにくいのです。自分の肩を鏡で見て、前部・中部・後部のバランスが取れるようにメニューを決めましょう。

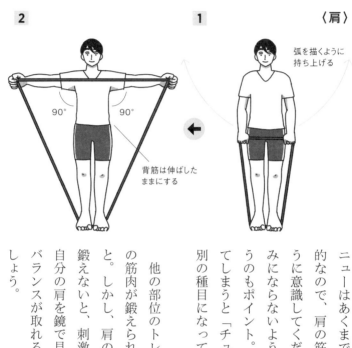

中級
★★☆

チューブリアレイズ

セット数
15回
×2セット

「チューブサイドレイズ」と「チューブリアレイズ」は腕の動きは似ていますが、三角筋の中部を鍛えることができるチューブサイドレイズに対して、チューブリアレイズは三角筋の後部を鍛えるトレーニングです。

①最初の体勢は、体を前傾し上半身と下半身が90度に近づくまで曲げます。足を閉じてチューブの中央を踏み、両手でチューブの両端を持ちましょう。この時点でチューブはピンと張った状態に。

②その前傾体勢のまま腕を真横に上げてください。しっかりと、大きく、ダイナミックに動かすよう意識してみましょう。その際、背中の力で引き上げるのはNG。また、肩甲骨を中央に寄せるような感覚でやってしまうと、背中に余計な負荷がかかってしまい、肩に上手く刺激を入れることができません。

〈肩〉

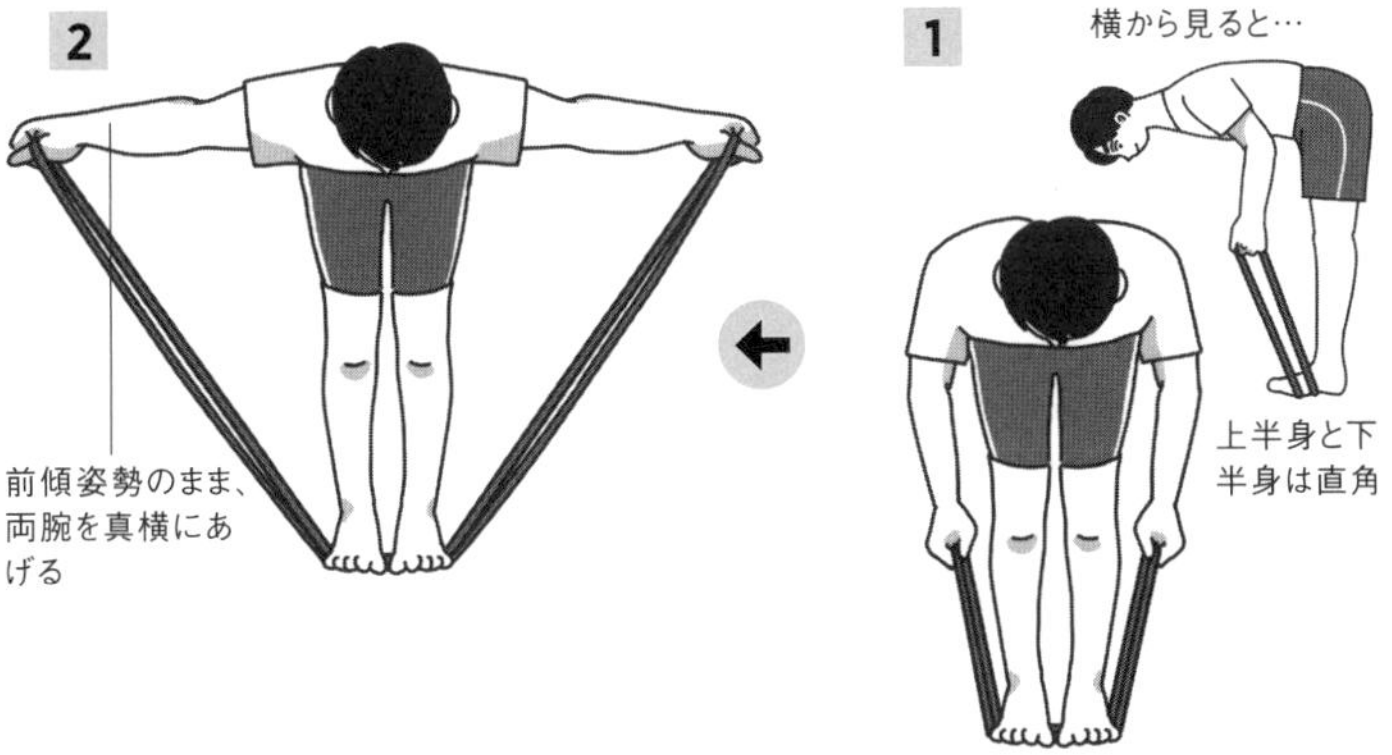
1
横から見ると…
上半身と下半身は直角
2
前傾姿勢のまま、両腕を真横にあげる

②では腕を真横に上げるのが、正しいフォーム。しかし、前傾体勢を取っていると、〝真横に上げているつもり〟でも、実際は〝後ろ寄りの斜め上〟に腕を上げていることも。これでは三角筋ではなく、僧帽筋に刺激が入ってしまいます。

そうした感覚の誤差も踏まえて、「前寄り」に上げるくらいの気持ちを持って行うと、自然と真上にいくようになるでしょう。

中級
★★★

チューブフロントレイズ

セット数
15回
×2セット

「チューブフロントレイズ」は「チューブサイドレイズ」の正面版。三角筋の前部を主に刺激します。前部を鍛えることで、正面から見たときの肩のボリュームが見違えます。

①足元でチューブを踏みながら、足を肩幅程度に開きます。手は、太ももの前に持ってきましょう。何度も言うように、チューブに緩みがないようにしましょう。

②チューブを握った手を腕ごと上げていきます。このとき、肩を軸に腕を上げていくことを意識しましょう。こちらも腕で弧を描くように動かしていきます。腕が床と平行になるまで上げてください。その後は、同じ軌道を描きながら、スタートポジションまで戻していきましょう。

〈肩〉

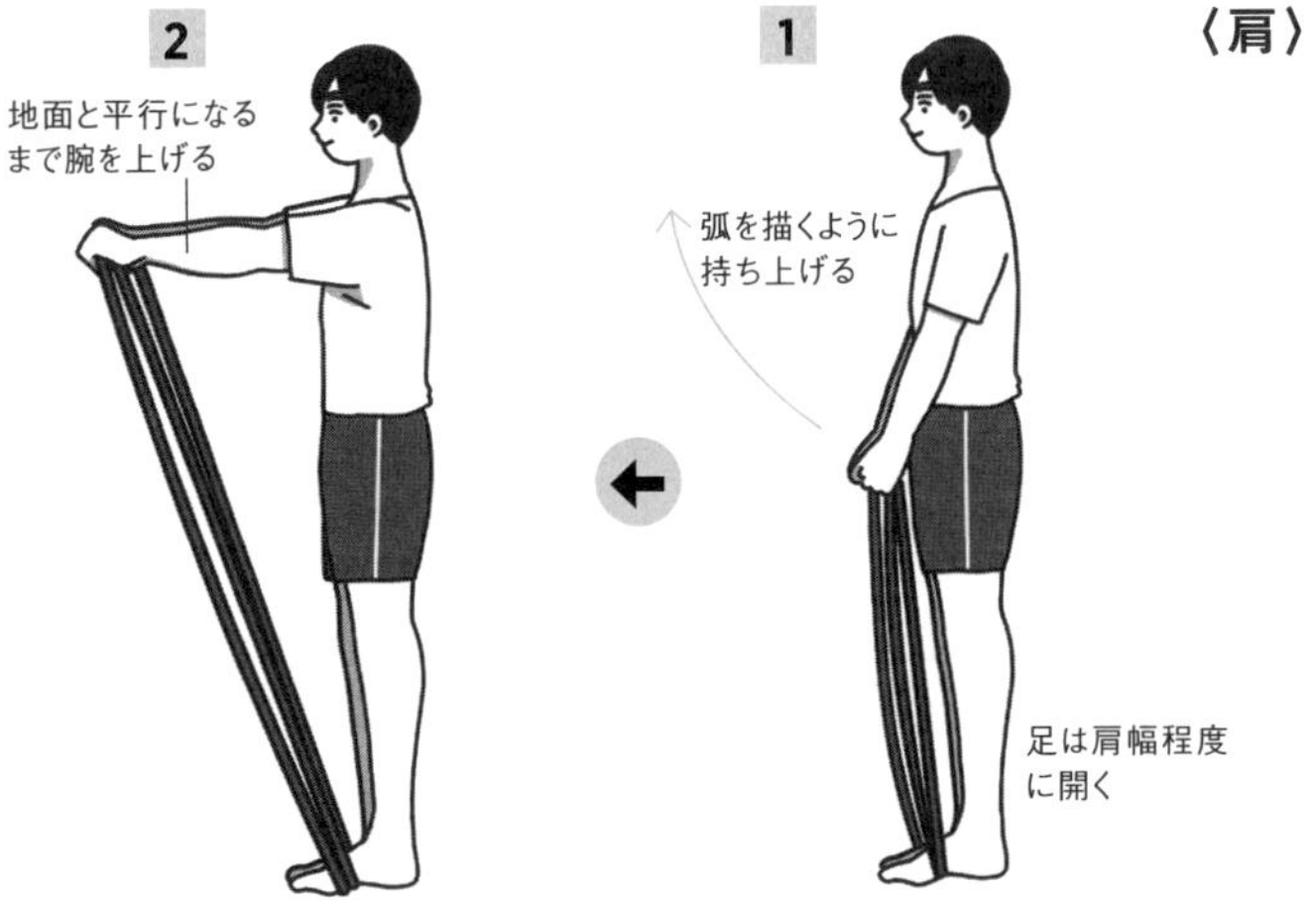
1
弧を描くように
持ち上げる
足は肩幅程度
に開く
2
地面と平行になる
まで腕を上げる

注意点は、体の反動を使ってチューブを引き上げないこと。また、辛くなってくると上半身を反らしてしまう人もいますが、こうなると背中に負荷がかかり、肩を効果的に鍛えることができません。背中の大きな筋肉が動員されると、チューブを使った負荷ではまったく足りません。まっすぐ立つことを意識しましょう。

また、肩甲骨を寄せるようにして腕を上げるのもNGです。

ダンベルではなくチューブ、しかもジムではなく自宅のトレーニングですが、やってみると肩の筋肉をしっかりと鍛えられることがわかると思います。

セクシー度UP！ 筋張った「腕」をつくる

ジムではなく、自宅などで筋トレを始めてみるとき、圧倒的に人気なのが、クランチ（いわゆる腹筋運動）です。それと同じくらい、初心者の方に人気なのが、腕の筋トレでしょう。ダンベルやペットボトルを持って、腕を曲げ伸ばしする動作は、もはやおなじみです。

腕を鍛えれば太くたくましいフォルムが手に入ります。それはもう、「力強い男」の象徴のような存在なので、人気になるのも納得でしょう。しかも、腕は他の筋肉に比べて目立ちやすいという特徴もあります。お腹の筋肉は脱がないと人には見せられません。一方で、腕の筋肉は、半袖の服を着ればすぐに目立ちます。また、視線が集まりやすい高さにありますから、余計に人の目に触れやすいのです。秋・冬のうちから夏に向けて鍛えておけば、自信を持って夏を過ごせそうですね。

ちなみに、腕の筋肉といえば、「力こぶ」にあたる上腕二頭筋のイメージが強いと思います。しかし、意外と重要なのが、上腕二頭筋の後ろ側にあたる上腕三頭筋。腕についたぜい肉、二の腕部分のいわゆる「振り袖」と呼ばれるところは上腕三頭筋を鍛えることで、スッキリします。

正面から見たときのボリューム感を重視したいなら、力こぶをつけるために上腕二頭筋を、腕を太くしたい、振り袖が気になっているという人は上腕三頭筋を中心に絞ってもいいでしょう。どちらが正解というわけではないので、自分が描いている理想と相談しながら、トレーニングしてみてください。

また、腕の筋トレのメリットは、軽めの重量でも鍛えやすいこと。ジムに行って重いバーベルを扱わなくても、しっかりと鍛えることができます。本書のような自宅で行うレベルであっても、しっかりと筋肉の成長を実感できるでしょう。

初級
★☆☆

チューブカール

セット数
10回×2セット

このメニューで主に鍛えられるのは、力こぶにあたる上腕二頭筋。このメニューは、ペットボトルを使って鍛えることもできますが、チューブのほうが効率的なので、なるべくチューブをおすすめします。

①両足でチューブを踏み、肩幅くらいに広げて立ちましょう。両手にチューブを持ち、腕を下ろします。スタートポジションで、チューブがピンと張った状態であることを確認してください。

②そのまま肘を深く曲げていきます。肘が曲がりきるまで頑張りましょう。

このメニューは肘の位置が重要です。①~②にかけて、肘はなるべく動かさず、特定の位置に固定しておきましょう。また、チューブを持ち上げるとき、肘が前の

〈腕〉

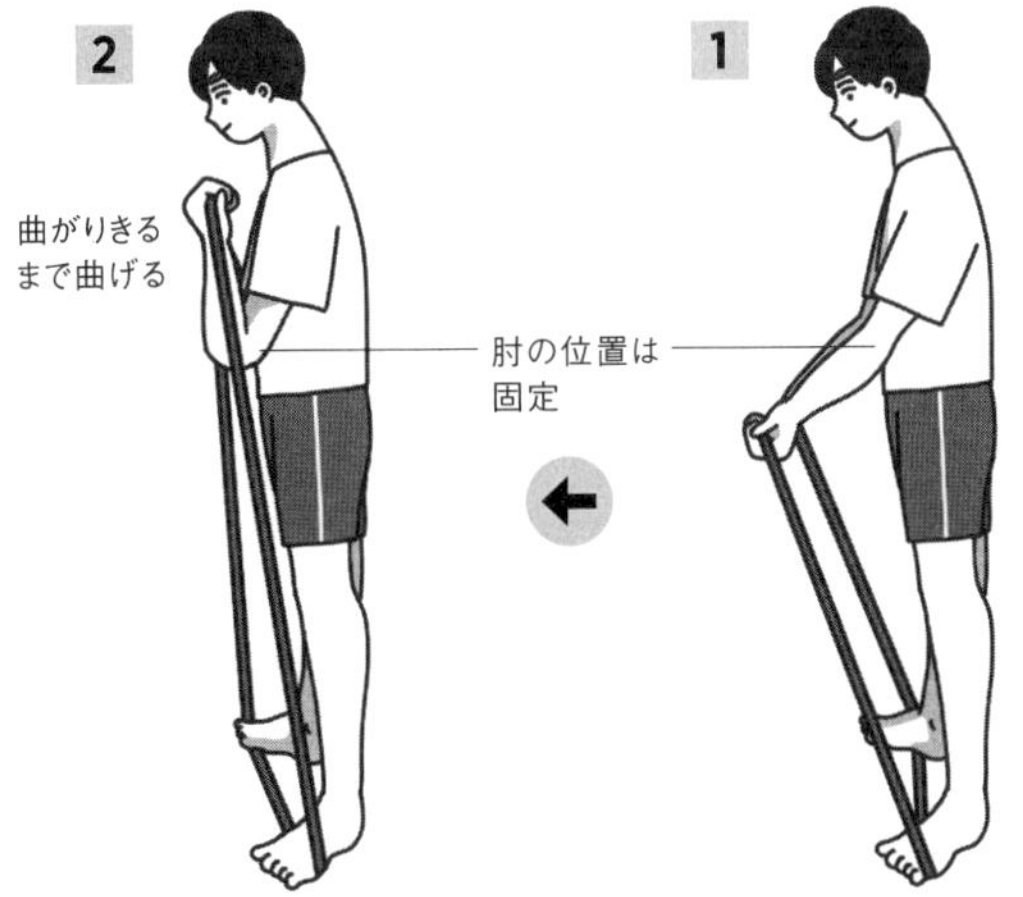

ほうに出てしまうと上腕二頭筋に加わるはずだった負荷が逃げてしまうので、要注意。さらに、腕が疲れてくると、上半身を使って反動で上げようとすることも。背筋は伸ばした状態をキープするようにしましょう。

下ろすときはチューブの勢いに逆らうようにゆっくりやると効果的ですので、とにかく丁寧に行うことを意識しましょう。

合格ラインは10回。それを2セット楽にできるまで継続してみてください。

初級
★★☆

チューブキックバック

セット数
10回×2セット

「チューブキックバック」は上腕三頭筋という、力こぶの後ろ側を鍛えることができるメニューです。腕のなかでも大きな面積を占める上腕三頭筋。よく「腕を太くしよう」とすると、カール系の種目をとりあえずやってみる人は多いですが、実はこの上腕三頭筋を優先的に鍛えたほうが太い腕の近道となるのです。

①足でチューブを踏み、肩幅大に広げます。上半身を前かがみにして、肘を下ろします。このときチューブはピンと張った状態に。

②そして、肘の位置を体の横に固定しながら、腕を後ろに向けて伸ばします。このとき、上腕三頭筋に力を入れて伸ばす意識を持ちましょう。できるだけ、床に対して平行に近いところまで腕を伸ばすことを目指してください。

〈腕〉

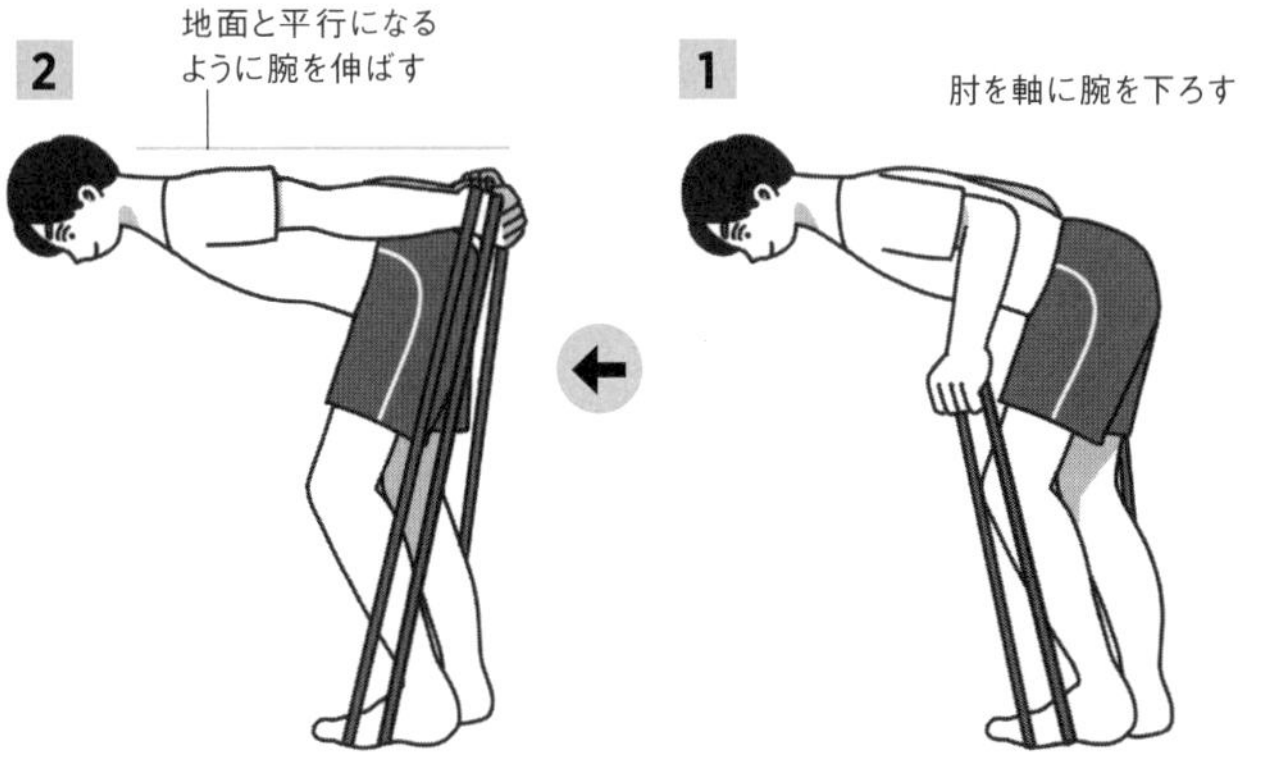
1
肘を軸に腕を下ろす
2
地面と平行になる
ように腕を伸ばす

この種目、チューブが伸びれば伸びるほどキツくなるので、身長が高い人は、想像以上に負荷を感じるはずです。そのような場合には膝を曲げて行ってみてもいいでしょう。NGは、肩を軸にして動かしてしまうこと。そうではなく、肘が軸になるようにしてください。こうすることで、上腕三頭筋に上手く負荷がかかります。

慣れない動きなので、一度やってみるだけで腕が張った感覚や、筋肉痛になるかもしれません。こちらも10回×2セットを目指してやってみましょう。

初級
★★★

リバースプッシュアップ

セット数
10回×2セット

ノーマルな腕立て伏せ（プッシュアップ）は、うつ伏せの体勢で行います。一方、この「リバースプッシュアップ」は、リバースとあるように反対側を向いて行うメニューです。

①まずは椅子や台などを体の後ろに配置。床に座る体勢をとり、お尻はギリギリ床に触れない程度に浮かせます。そして、肩幅大に開いた後ろの手で台を掴みます。背中は、床に対して90度ではなく、100度程度になるように少し反らしましょう。踵はなるべく胴体から遠い位置に置きます。

②その体勢のまま、腕の力を使って体を持ち上げていきます。このとき、上体は前傾しないように。腕の筋トレなので、上腕三頭筋にギュッと力を込めながらやってみましょう。肘をまっすぐ伸ばしたら、そのまま肘を曲げてスタートポジションま

〈腕〉

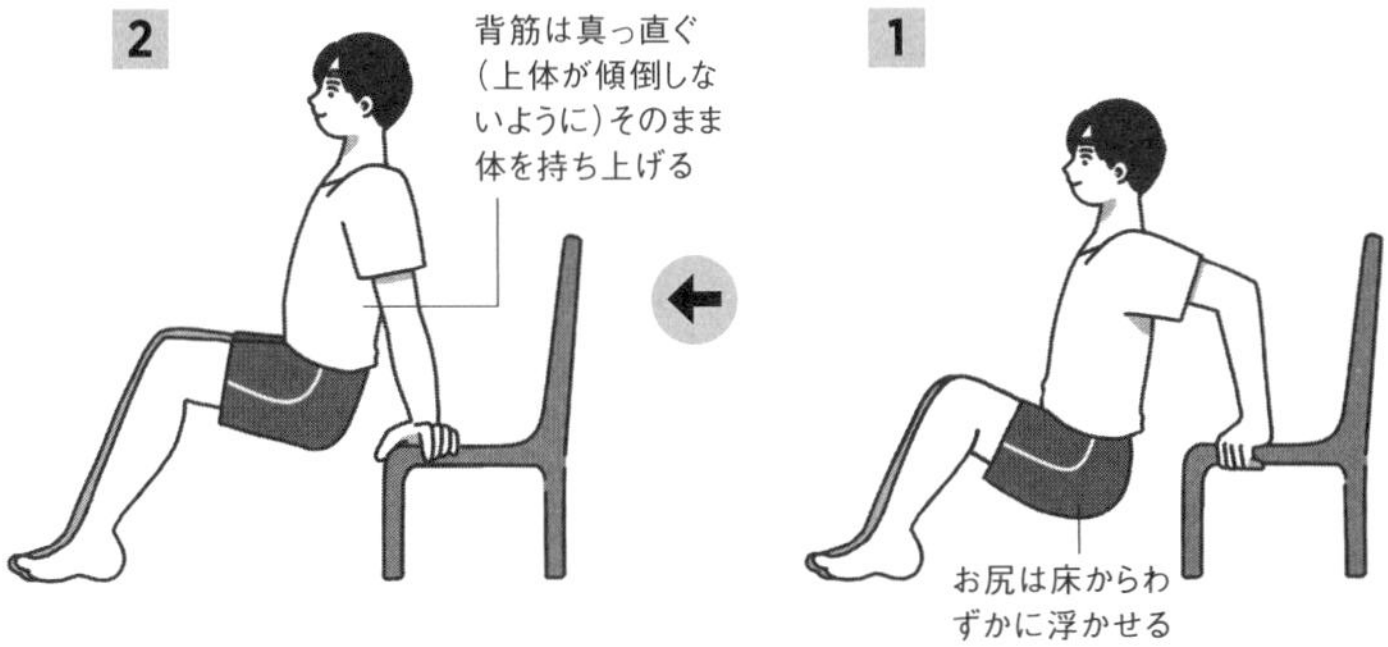
2
背筋は真っ直ぐ（上体が傾倒しないように）そのまま体を持ち上げる
1
お尻は床からわずかに浮かせる

で体を落としていきます。このときにも、しっかり腕に体重がかかっていることを意識してください。

体の上げ下げを行うときには、エレベーターのようにまっすぐ動くように意識しましょう。本来は、足をまっすぐ伸ばしておくのが理想ですが、踵が離れるほど難易度はアップ。ですから、慣れないうちは、踵を体側に近づけても大丈夫です。

また、最初のうちはお尻の力を少し使っても問題ありません。お尻の力を使っても、体勢的に腕に強い刺激が入るからです。こちらも10回×2セットを目指しましょう。

中級
★☆☆

ダイヤモンドプッシュアップ

セット数
8回×2セット

「ダイヤモンドプッシュアップ」は、プッシュアップ（腕立て伏せ）をアレンジしたメニュー。基本的な動きはプッシュアップと同じですが、手を置く位置が違います。

胸狙いのプッシュアップでは、手幅を肩幅くらいに広げています。腕狙いのときには、手幅は狭く取ります。ダイヤモンドプッシュアップでは、両手の親指と人差し指を合わせてひし形を作るようにします。このひし形が「ダイヤモンド」の由来。両手を合わせているので、手の広さは非常に狭くなります。これによって、胸の筋肉があまり使えずに、上腕三頭筋に強い刺激を加えられるというわけです。

①四つん這いになる。手でひし形を作り、顔の真下に置く。

②体を落とし、両手で作ったひし形の中に鼻を入れる。

〈腕〉

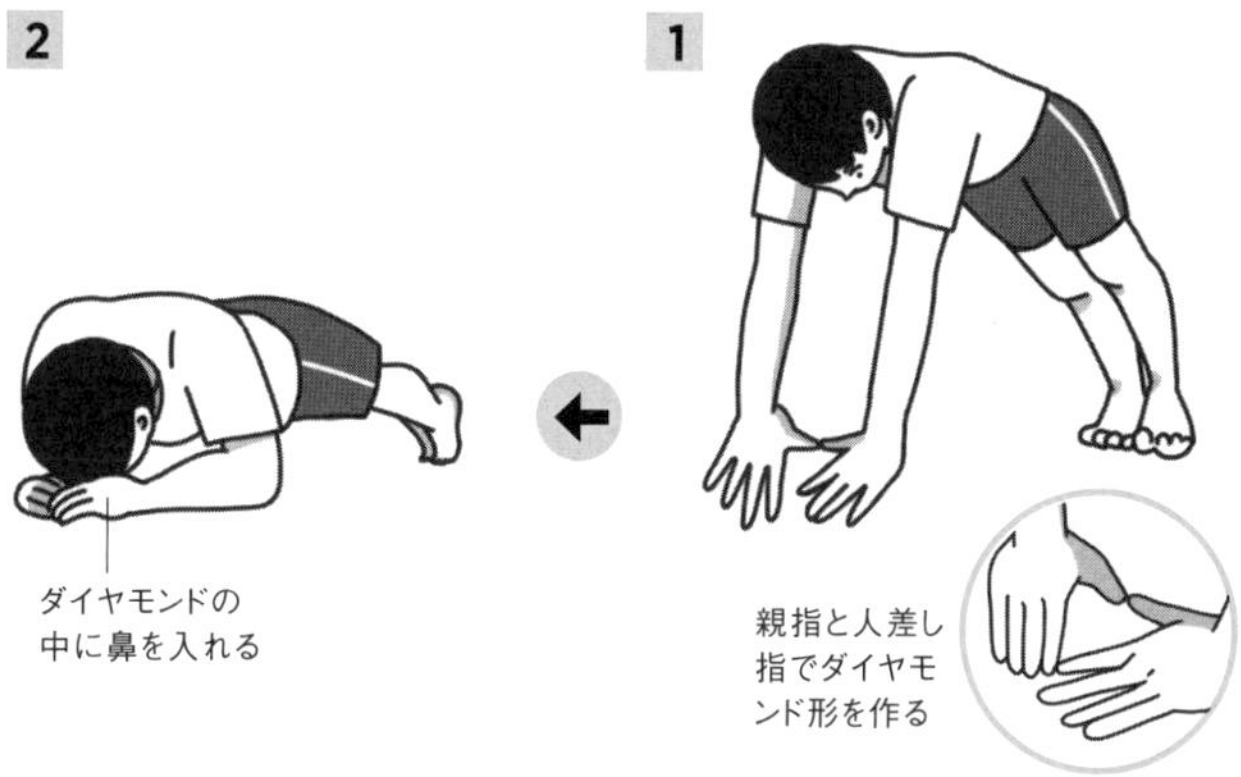
2
1
ダイヤモンドの
中に鼻を入れる
親指と人差し
指でダイヤモ
ンド形を作る

NGは背中が沿ってしまうこと。うつ伏せで行うプッシュアップ全般に言えますが、背中が反らないように注意しましょう。

自重でもかなり大きな刺激が加わりますし、腕立て伏せには自信がある人も意外と苦戦するかもしれません。こちらも体重が重いと、難易度が一気に上がります。その場合は、膝をついて行ってもいいでしょう。

中級
★★☆

インクラインダンベルカール

セット数
15回
×2セット

上体を傾斜させて斜めの状態で行うトレーニングを「インクライン」と言います。こちらのトレーニングの動きはチューブカールと同じですが、インクラインによって角度がつくことで、肘を伸ばしたときに、ストレッチの刺激を加えることができます。ストレッチの刺激が増える分、中級編となるのです。

ジムでインクライン系のメニューをやる場合は、背もたれの角度を変えることができるベンチを使います。しかし、自宅にはなかなかないと思うので、ソファや椅子で代用してみましょう。

①ペットボトル（ダンベルがある人はそれでも可）を持って椅子などに浅く座ってください。背もたれのある椅子であれば、お尻は椅子の前部分に重心を置くようにか

〈腕〉

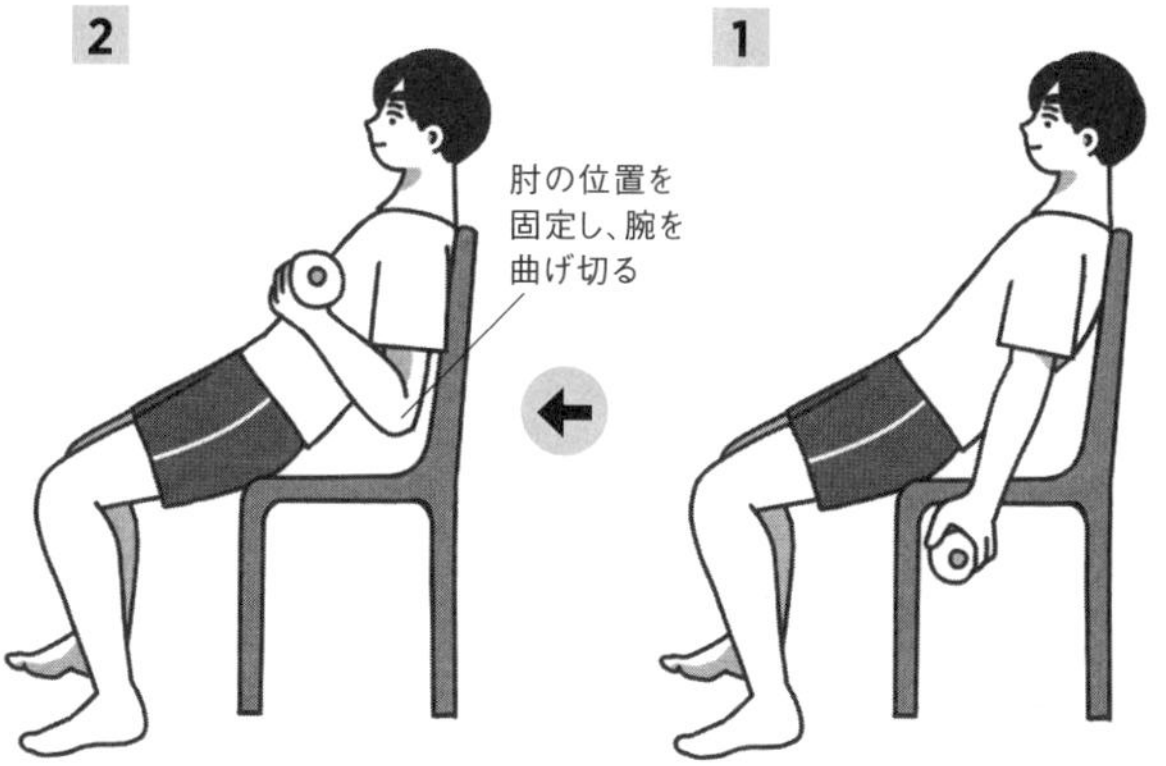

なりギリギリで座り、背中は背もたれにくっつけるようにすると「インクライン」の状態をつくり出せます。ペットボトルを握った手を下げます。このとき、腕は床に対して垂直になるように。胸は自然と張った状態にしておきましょう。

②肘の位置を固定したまま、腕を曲げられるだけ曲げます。

ジムだと45度ぐらいの角度で行いますが、椅子に浅く座る形だと60度くらいになります。それでもインクラインのメリットを得ることはできます。NGは、肘を前に出しながら上げてしまうこと。それでは上腕二頭筋に刺激が上手く入りません。

中級
★★★

ワンハンドダンベルエクステンション

セット数
10回×2セット

「ワンハンドダンベルエクステンション」と、実に長い名前ですが、分解してみると意外と簡単。片手（ワンハンド）で、ダンベルを持って、腕を伸ばす（エクステンション）メニューです。一言で説明すれば、頭の後ろに持ったダンベルを、真上に伸ばしていくメニュー。このメニューは座りながら行います。背もたれはあってもなくてもどちらでも大丈夫です。

①肘を曲げ、後頭部のほうに持っていくようにしましょう。このとき、肘はできるだけ体側に近づけます。手の向きは、小指側が上にくるように。

②肘を完全に曲げた状態から、真上に伸ばす動きをします。肘を曲げたときに上腕三頭筋にはストレッチが、伸ばしたときに収縮の刺激が加わります。肘を上げきったときと、曲げきったとき、上腕三頭筋にかかる刺激を感じ取ってみてください。

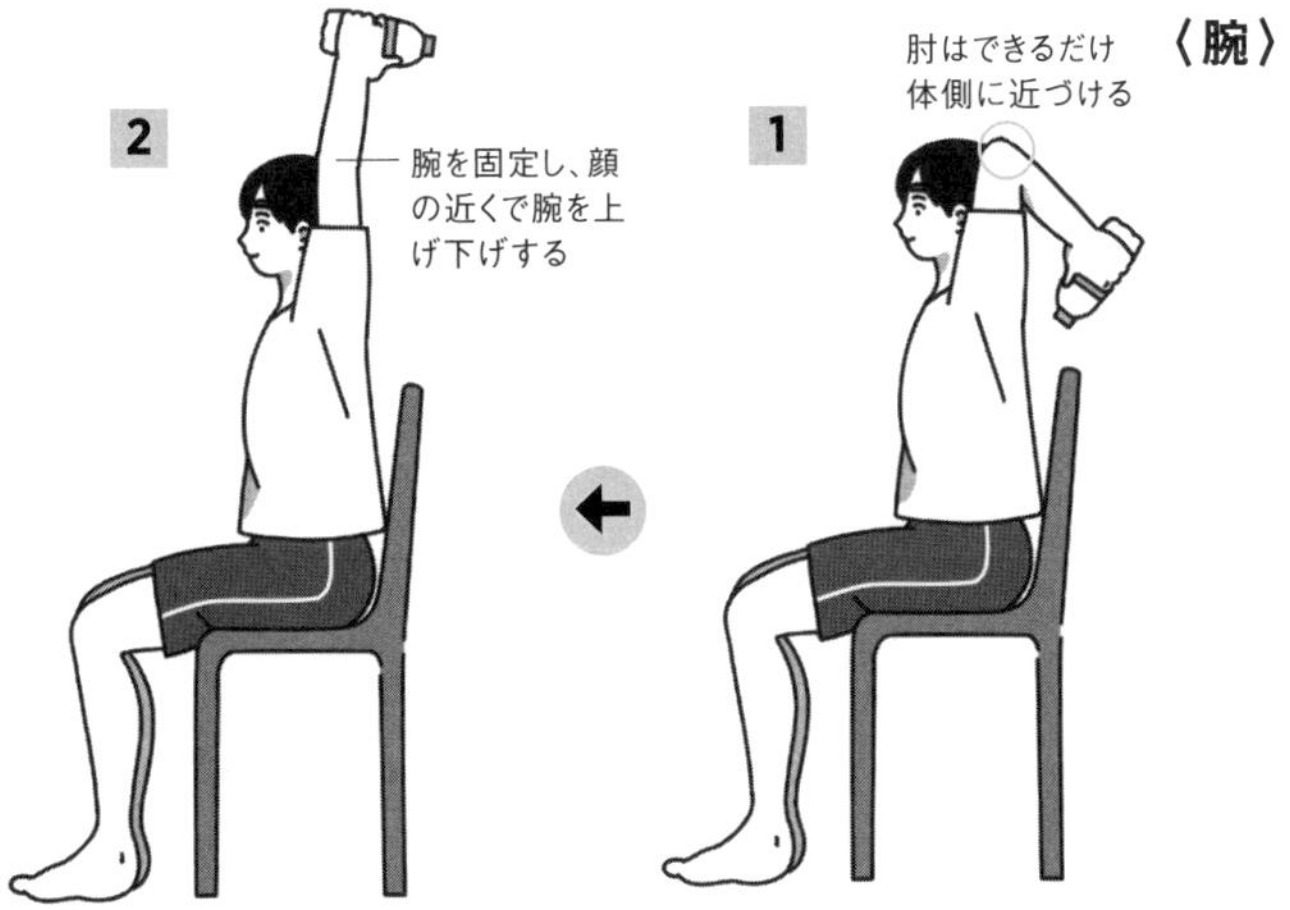

こちらは肘の位置を固定しながら上げ下げすることがポイントです。NGは、肘が顔から離れてしまうこと。離れてしまうと肩のほうに力が入ってしまいます。

このメニューは、肘の関節のみを動かすため、上腕三頭筋にピンポイントに刺激を与えることができます。比較的軽い重量でも、効果的に鍛えることができるのです。

体が硬い人は、肘を頭のほうに近づけるのが難しいかもしれません。ですが、激痛が走るなど、よほどの理由がなければ、やっていくうちに体も柔らかくなっていきますよ。

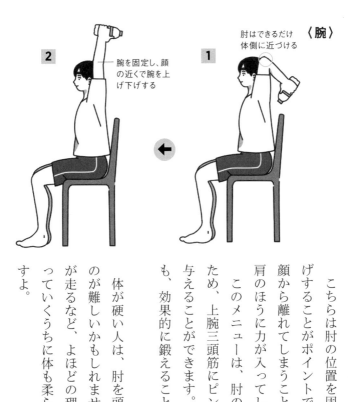

憧れのシックスパック！「腹筋」をつくる

ぽっこり突き出たお腹が気になって、筋トレを決意した人は、真っ先に腹筋運動（クランチ）をやってみるのではないでしょうか。もちろん、腹筋を鍛えるのは憧れのシックスパックへの近道となるのですが、意外なところでは腰痛の予防にもつながります。

背骨は本来、緩やかなS字カーブを描いています。しかし、腹筋の力が弱いと、骨盤の位置が前傾してしまうのです。前傾すると、S字のカーブが強くなり、背中が反った状態に。このようにして腰痛が引き起こされます。弱った腹筋を強くすれば、骨盤をニュートラルな角度に戻せます。

そして、筋トレ初心者に人気のシックスパックについても触れておきましょう。

6つにボコボコと割れた腹筋は多くの人の憧れでしょう。この本でお伝えする筋トレで、腹筋を割ることは可能です。ただし、腹筋の上には皮下脂肪が乗っかっています。腹筋をすれば、シックスパックのボリュームは出てきます。お腹の周りに脂肪がほとんどついてない人であれば、腹筋を鍛える筋トレを黙々とやっていれば、うっすらとシックスパックが見えてくるでしょう。

しかし、皮下脂肪がしっかりと鎮座してしまった人は、いくら腹筋の筋トレを必死になって頑張ってもシックスパックを目視することはできません。いわゆるシックスパックがお目見えするのは、体脂肪が15%を切ったあたりから。しかも、お腹回りというのは、普段の生活で大きくは動かしません。その結果、他の部位に比べても脂肪が溜まりやすくなってしまうのです。

シックスパックをつくりたい人は、正しい筋トレと食事に気をつけるなどのダイエットが必要になるのです。その方法は第3章でお伝えします。

初級
★☆☆

プランク

セット数
30秒
×2セット

「プランク」は、非常にシンプルなトレーニングです。いわゆる腹筋運動といわれる、クランチ（上体起こし）よりも難易度は低く、初心者の方にピッタリ。まずは「腹筋に力を入れること」を学んでいただきたいと思って、初級編の一つ目に選びました。プランクといえば、体幹トレーニングとしても人気ですが、シックスパックにあたる腹直筋などにもしっかり刺激を与えることが可能です。

①まず四つん這いになりましょう。その際、前腕と肘、そしてつま先で体を支えるようにします。体は一直線になるよう意識し、その体勢をしばらくキープします。

意外と同じ姿勢をキープするのが難しく、油断するとフォームが崩れがちになってしまいます。辛さのあまり、お腹が床にすれすれになってしまうU字のような体

〈腹筋〉

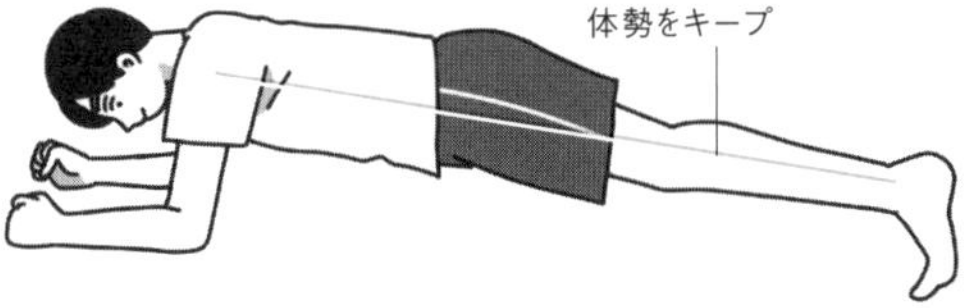

勢になることも。これでは腹筋を上手く鍛えることができません。

逆に、辛いからといって、お尻で支えようとする人もいますが、お尻が上がりすぎて逆V字の体勢になってしまわないよう注意が必要です。終盤、体勢が崩れやすくなるので、終始腹筋を使う意識を忘れないようにしましょう。「体を肘で支える」のではなく、あくまで腹筋で支えるよう意識することがポイント。

厳しいようなら、最初は「腕立て伏せ」の姿勢で行ってもOKです。慣れてきたら、正しいプランクのフォームに戻しましょう。余裕のある人は、お腹を引っ込めながらやってみましょう。これを「ドローイン」と言いますが、さらに強い刺激を腹筋に加えることができます。

まずは30秒キープできるように。これを2セット楽にキープできるようになったら、初級編はクリアです。

初級
★★☆

レッグレイズ

セット数
10回×2セット

「レッグレイズ」は、足を上げて行う筋トレメニューです。このメニューは、シックスパックにあたる腹直筋の、特に下の方を鍛えることが可能です。下部を含めて腹直筋全体が強くなると、内臓の位置を調整する力も強くなります。特に、下っ腹がぽっこりとなっている人にはおすすめ。さらに、腸腰筋も鍛えることができ、姿勢の改善にも役立ちます。

①仰向けになり、手は床に。両足は揃え、できるだけまっすぐにします。そこから、ゆっくりと両足を上げていきます。

②床とほぼ垂直になるまで足を上げたら、折り返しましょう。ゆっくりと下ろしていきますが、完全に踵を床につけてしまうのではなく、ギリギリのところで止めるようにすると効果的。全体を通して、お尻は常に床につけたままにしてください。

〈腹筋〉

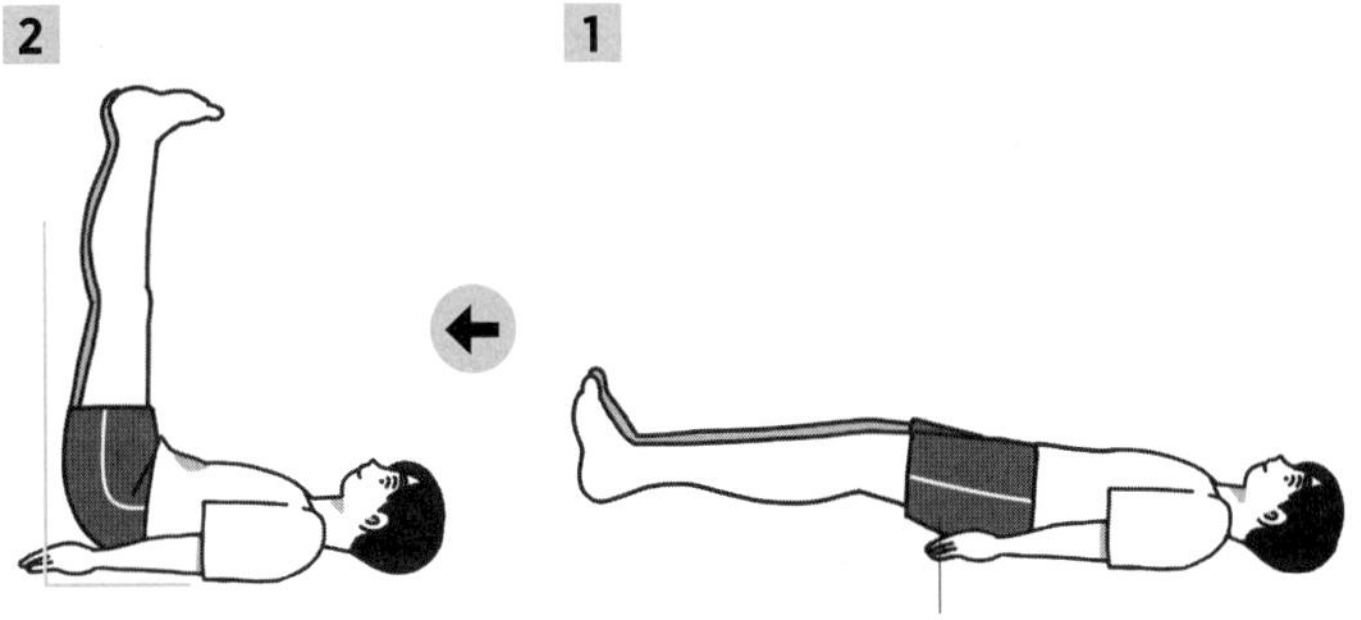
2
1
足と地面が垂直になるまで上げる
お尻は地面につけたまま

気をつけたいのは、両足を上げ下げするときに、足の力やバネを使ってしまうこと。あるいは勢いよく足を床につけてその反動で上げてしまうようだと、うまく負荷がかけられません。勢いをつけて行うと腰痛の原因にもなりかねません。

あくまで「腹筋を鍛える運動」ということを意識し、足の重さという負荷を、腹筋でしっかり感じながらやってみてください。10回×2セットできればＯＫです。

初級
★★★

ロシアンツイスト

セット数
10往復×2セット

「ロシアンツイスト」では、主に外腹斜筋を鍛えることができます。脇腹のぜい肉が取れやすくなり、ウエストも絞りやすくなります。

また、体を曲げたりひねる力も強化されるので、例えばゴルフや野球などのパフォーマンス向上にもつながります。

①床に仰向けになり、両足を揃えます。膝を少し曲げ、足を真上に上げます。

②その状態のまま脚を真横に倒し、地面に触れる寸前で戻しましょう。この動作を左右交互に繰り返していきます。

一見、とても初心者向けとは思えないかもしれませんが、足を下ろす角度を調整すれば難易度はかなり変えられます。床にスレスレまで下ろせばキツいですが、

〈腹筋〉

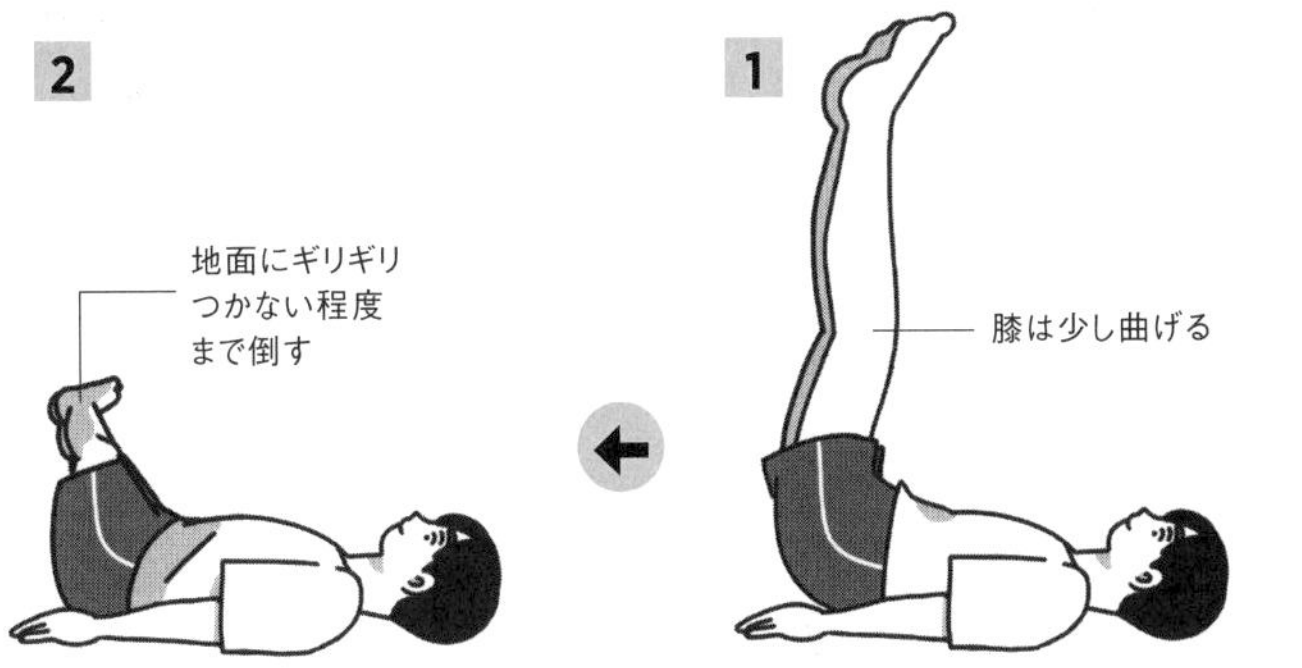
1
膝は少し曲げる
2
地面にギリギリ
つかない程度
まで倒す

初心者の方なら45度ぐらいまで下ろせばOKです。まずは、往復10回ができる角度で、様子を見ながらやってみましょう。それが楽になり、床すれすれまで下ろしても10往復×2セットが余裕になると初級編はクリアです。

実は、ここでお伝えしたロシアンツイストは、私が考えた山本流。一般的なロシアンツイストは、上体起こした姿勢のまま、上半身を左右にひねって行います。しかし、山本流のほうがダイナミックなひねりを加えることができるので、より強い刺激となるのです。

中級
★☆☆

雑巾腹筋

セット数
10往復×2セット

腹筋といえば、アブローラー（腹筋ローラー）を使ったトレーニングも人気です。この「雑巾腹筋」は、気軽にできるアブローラーのようなもの。アブローラーで鍛えるには、器具の購入が必要ですが、雑巾腹筋であれば、自宅にあるタオルなどを使って簡単に鍛えることができます。

①タオルなどを床に敷きます。両足を揃え、膝を90度に曲げます。ちょうど、雑巾がけをするような体勢をとりましょう。

②膝の位置は動かさずに、手を伸ばしながら、タオルと体を前方にゆっくり伸ばしていきます。このとき、雑巾で床を拭いているような動作をイメージしてください。もうこれ以上は伸ばせない、という位置まで行ったら、手とタオルを元の位置に戻しましょう。

〈腹筋〉

1
90°
2
ひざの位置は動かさず、上半身を伸ばし切る

タオルなどすべりやすいものを使っているので、前方へ行く動きは意外と楽。ところが、戻す動作のときにキツさを感じるはずです。

ところで、雑巾腹筋やアブローラーなどを行うと、腕や腰が痛くなる人がいます。それは、体の使い方が上手くいっていない証拠。特に、伸ばした手を戻すとき、背中をまっすぐ伸ばしたままだと、背中に負担がかかってしまうのです。体をスタートポジションに戻すときは、背中を丸めながら動くイメージで。こちらは、往復10回×2セットが目標です。

中級
★★☆

リバースクランチ

セット数
15回×2セット

腹筋の中級編として、まずご紹介するのは「リバースクランチ」というメニューです。リバースクランチは特に腹筋の下部に強い刺激を与えることができます。レッグレイズでも腹筋下部は刺激できますが、リバースクランチのほうがより強く刺激できます。

日常生活でも、クランチ（上体起こし）のような動作は割と行っていると思いますが、このような動作で鍛えられるのは主に腹筋の上部。腹筋をバランス良く鍛えるには、下部のほうも意識して鍛えてあげる必要があるのです。その点、このリバースクランチは非常に有効となります。

①仰向けになり、両手は体の横に。両足を揃えて持ち上げ、自然に膝を曲げます。

②そのままお尻を床から浮かせましょう。このとき膝をなるべく高い位置にもって

〈腹筋〉

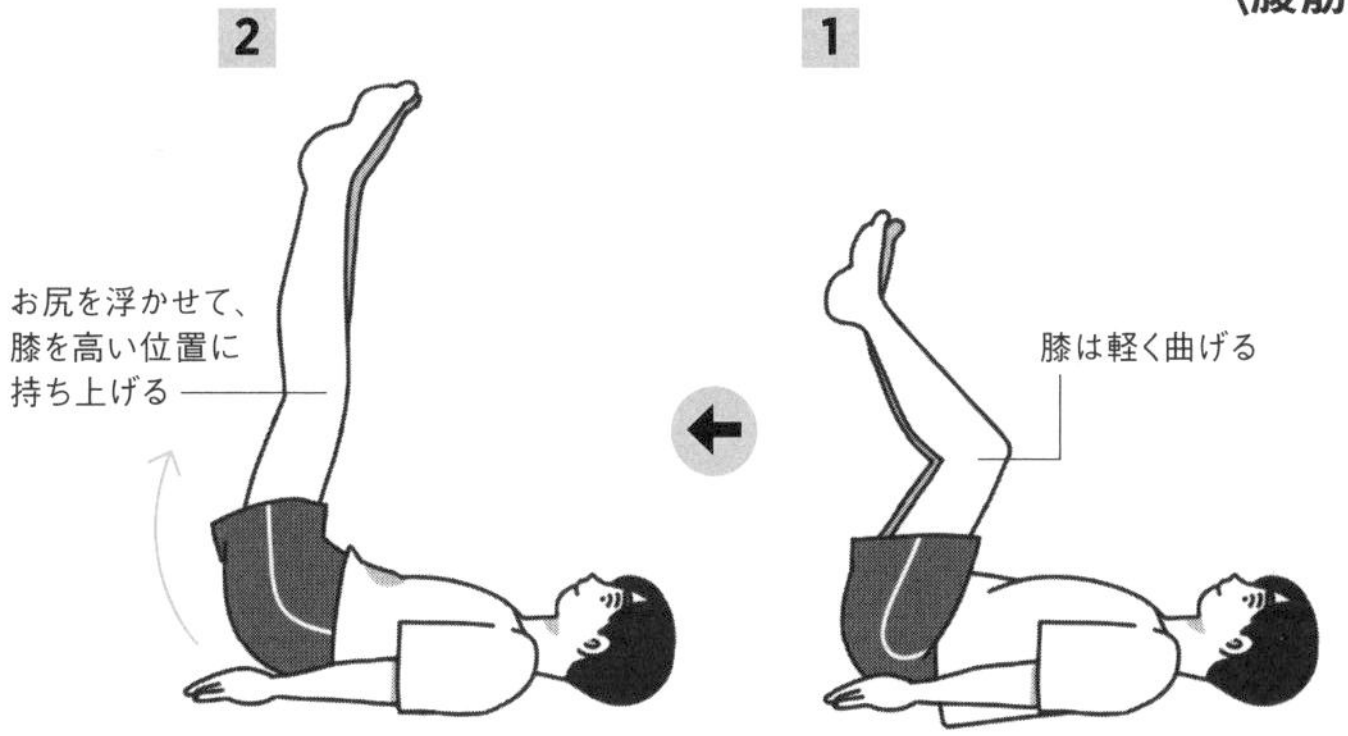
1
膝は軽く曲げる
2
お尻を浮かせて、
膝を高い位置に
持ち上げる

いくようなイメージで。注意点としてはお尻がしっかり地面から離れること。下半身を上げきったら、①の体勢に戻りますが最後まで力を抜かないようにしましょう。この重力に抗うような動きをしている間も、腹筋はしっかり鍛えられています。

下半身を鍛えるメニューではないので、脚はリラックス状態に。特に膝から先には力を入れないでください。

15回×2セットをこなせるよう目指してみてください。

中級
★★★

ジャックナイフ

セット数
15回×2セット

なんだか、物騒な名前のメニューですが、別名は「V字腹筋」。この種目は、クランチとレッグレイズを合わせたようなものです。強い負荷がかかるので中級編としましたが、高い効果がある半面、間違ったやり方を続けてしまうと、腰などを痛めてしまう原因となります。まずは焦らず、丁寧にフォームを確認しながら行ってください。

①仰向けになって、両手と両足を縦に伸ばします。

②そのまま、腰を丸めて、手とつま先をくっつけるように体を曲げていきます。このとき、お腹を支点にしてV字を描くように、指先とつま先がしっかりくっつくまで上げるようにしてください。スタートポジションに戻す際には、ゆっくりと、負荷を意識しながらやってみましょう。手足を上げるときには、腹筋が収縮している

〈腹筋〉

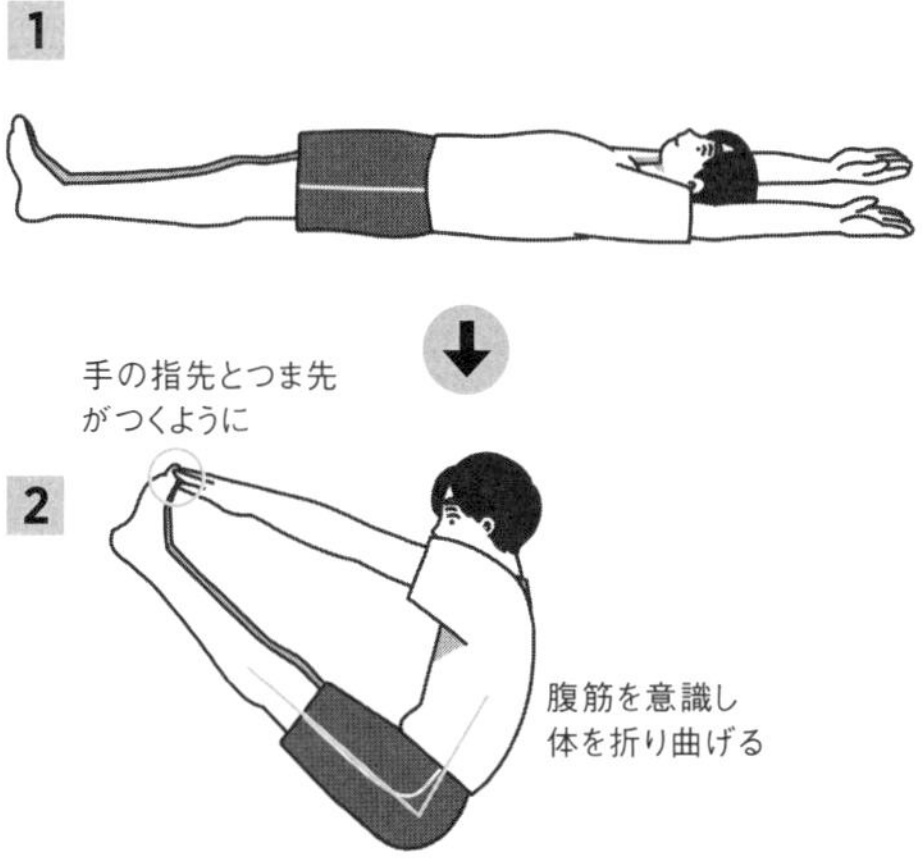
1
手の指先とつま先
がつくように
2
腹筋を意識し
体を折り曲げる

ことを、手足を下げるときには腹筋が伸びていることを実感できれば上出来です。

こちらも、足の筋肉を使って持ち上げようとしたり、反動をつけて体を曲げるのはNG。他の筋肉が使われてしまい、本来鍛えたい腹筋に上手く刺激が入りません。きちんとやれば、腹筋全体に強い刺激を与えることができます。

そして、本来はなるべく足をピンと伸ばしたままV字に曲げたほうがいいのですが、体が硬い人は無理をせず、膝を少し曲げてしまっても構いません。

15回×2セットを、しっかりできるようになるまで頑張ってみましょう。

Tシャツ映えする「胸」をつくる

この本を読んでいる方の多くは、筋トレでムダなぜい肉を落とし、スリムな体型を手にしたいと思っているでしょう。同時に、たくましい体を手に入れたいと思っている人も多いはず。そこで、人気なのが胸のトレーニング。「下半身のトレーニングは億劫だけど、胸のトレーニングは不思議と頑張れる」というトレーニーの声もよく聞きます。また、分割法で鍛えるときにも、胸を優先的に鍛える人が多いようです。背中や肩に比べて、胸が大幅に発達している人も珍しくありません。

胸が人気である理由として考えられるのは、胸を鍛えると、ベンチプレスでも高重量を扱えるようになること。上げられるベンチプレスの重さは、ある種のステータスになっています。また、胸は体の正面にあたる部分。つまり、全身鏡で日々目にしたり、普段の生活でも意識しやすい部位となります。

さらに、胸の筋トレをするとボリュームを出しやすいことも考えられるでしょう。胸に多少の脂肪が残っていても、筋肉は脂肪の下に位置するので鍛えた筋肉によって胸全体の底上げが可能。結果的にボリュームが増していくのです。逆に、腹筋は脂肪をしっかり落としていかないと、シックスパックは目視できませんし、お腹のボリュームはどんどん増していくのです。

胸の筋トレのメリットは、ボリュームだけではありません。歳を取ってくると、胸回りの脂肪が垂れ下がってしまう男性が多くいます。やはり筋力低下や重力に逆らえなくなってしまうのですが、筋トレをすれば重力に抗う力も手に入れることができるのです。また、がっしりとした分厚い胸板を手にしたら、Tシャツやスーツも自然と似合うようになります。

ぜひ一度胸の筋トレをやってみてください。その魅力にハマり、虜になる人も少なくないはずです。

初級
★☆☆

ワイド腕立て伏せ

セット数
10回×2セット

初級編ひとつ目は、「ワイド腕立て伏せ（ワイドプッシュアップ）」です。これは、読んで字のごとく、手を広くして行う腕立て伏せ。腕立て伏せというと、その名前から「腕」をメインで鍛えるイメージがあるのではないでしょうか。もちろん、腕も鍛えられますが、手の幅を広く取って鍛えると、胸の筋肉を重点的に使うことができるのです。

①四つん這いになり、肩幅の1・5倍程度の広さで手をつきます。つま先を立てた状態で、体が一直線になるように意識しましょう。手の指は、外側を向くようにしてください。こうすることによって、手首に負担をかけなくて済みます。

②肘を曲げて体をしっかり下ろしていきます。床ギリギリまで下げたら、今度は肘を伸ばし、ゆっくりとスタートポジションに戻ります。

〈胸〉

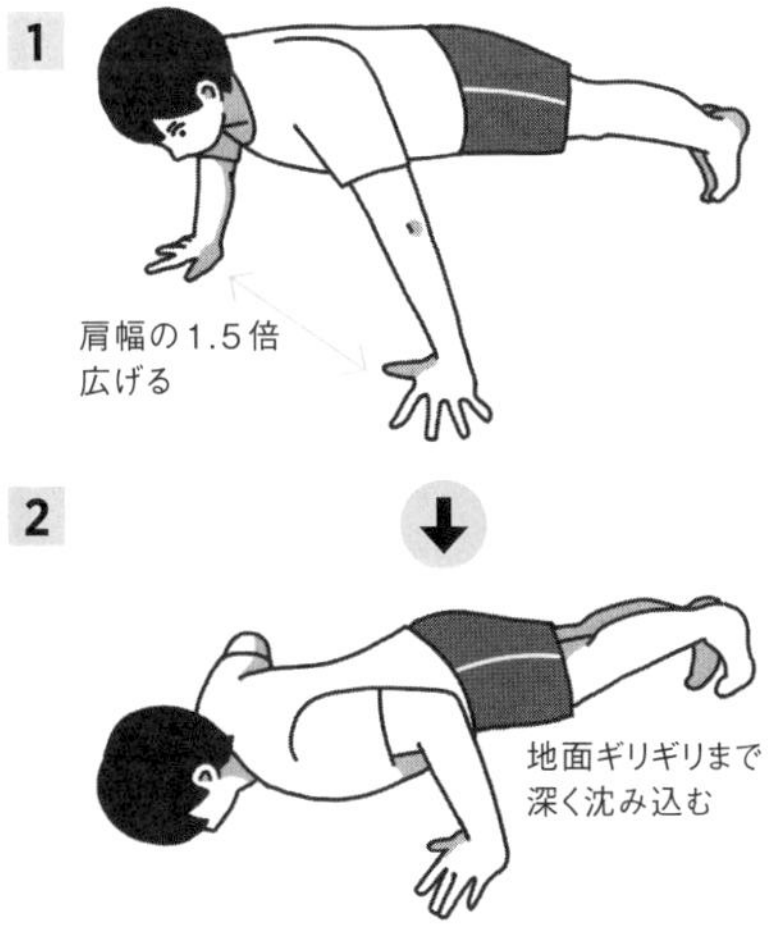

1
肩幅の1.5倍
広げる
2
地面ギリギリまで
深く沈み込む

一般的な腕立て伏せと同様に、肘を中途半端に曲げて、やったつもりにならないように気をつけましょう。

ちなみに、実はワイド腕立て伏せの動き自体は、胸を鍛える王道メニューのベンチプレスとかなり重なる部分があります。ベンチプレスは、自宅で行うには難しいメニューですが、ワイド腕立て伏せであれば、自分の体重を使って胸を上手く鍛えることができるのです。

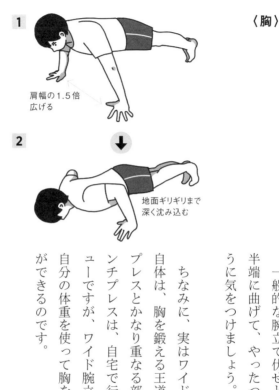

初級
★★☆

合掌

セット数
10秒×2セット

「合掌」とは、いわゆるお寺などで行う合掌のようなポーズです。ひと目見ただけでは、非常に地味な運動。しかし、精いっぱい力を込めると、立派な筋トレに変身します。

①胸の前で両手を合わせ、両側から力をかけていきます。背筋をしっかり伸ばし、力むあまり、姿勢が崩れてしまわないようにしましょう。目線はまっすぐがベスト。

こちらのメニュー、力を抜いて軽く行うとあまり負荷を感じません。ただし、グーッと力を込めていくと、腕がプルプルと震えてきて、意外とキツいメニューであることがわかります。

立って行っても座ってでも問題ありませんが、力は立っているほうが入りやすいようです。立って行うときは、力が入りやすくなるように、肩幅よりも少しだけ広めに足を開きましょう。

精いっぱいやっていると、意外と肩に力が入ってしまいますが、これは胸を鍛えるメニュー。胸の筋肉を使って、合掌する意識を強く持ってください。NGは、肩が上がって首をすくめる形になること。それこそ肩に力が入りすぎてしまうので、注意しながら行ってください。

このメニューは、胸全体に刺激を与えることができます。実は、胸の筋肉は上部や下部などと大きく分けることができますが、このメニューは、胸の筋肉全体をバランス良く鍛えることができます。

〈胸〉

体重が重くて「ワイド腕立て伏せ」ができない人であっても、この合掌なら誰でもできると思います。全力で10秒間やってみましょう。

初級
★★★

ダンベルベンチプレス

セット数
20回×2セット

胸の筋肉を鍛えるメジャーなトレーニングのひとつに「ベンチプレス」がありま す。ジムによっては、〝ベンチ待ち〟の列ができるほどの人気メニューです。バーベルを使う場合は「ベンチプレス」となりますが、ダンベル（ここではペットボトル）を使うと「ダンベルベンチプレス」となります。

実は、ベンチプレスとダンベルベンチプレスとでは、筋肉の可動域が変わっていきます。バーベルの場合、バーがあるので下ろしていくと、どうしても胸に当たってしまいます。しかし、ダンベル（ペットボトル）であれば、胸に当たる心配はありません。すると、腕をより下げることができるので、筋肉にストレッチがかかるのです。このメニューは、床に寝転がってもできますが、可動域を考えるとやはり長めの椅子などを用いたほうがいいでしょう。

〈胸〉

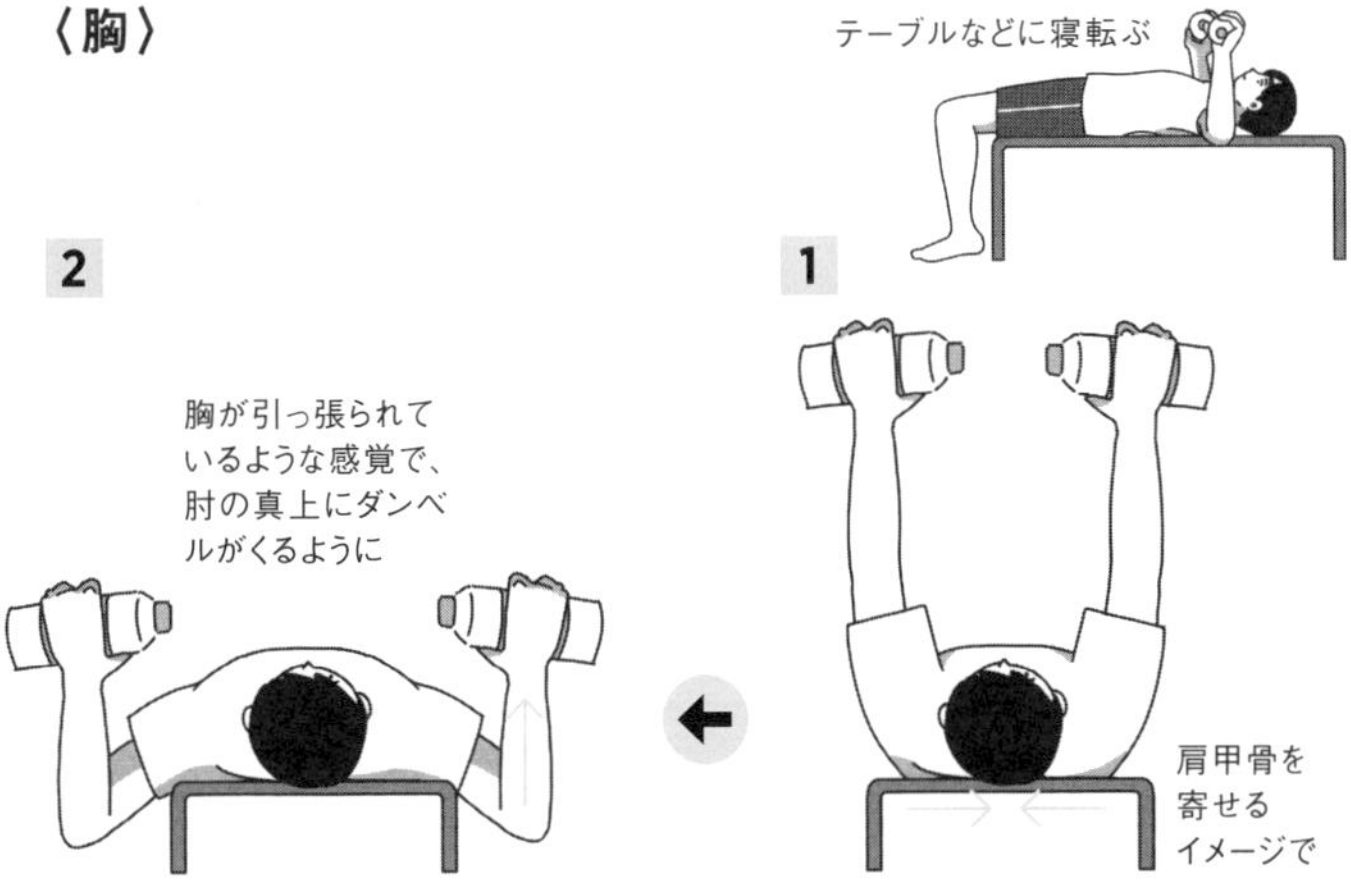

テーブルなどに寝転ぶ
1

胸が引っ張られて
いるような感覚で、
肘の真上にダンベ
ルがくるように

①台や長めの椅子などに仰向けになるように寝てください。ペットボトルを持った腕を上へまっすぐ伸ばします。

②伸ばしきったら肘を曲げて、できるだけ下ろします。このとき、胸の筋肉が引っ張られているような感覚があれば、胸の筋肉にしっかり効いている証拠です。

コツは、寝転がるときに肩甲骨を寄せること。「アーチを作る」などと言われますが、こうすると胸を張ることができ、より大きな刺激が与えられます。

５００mlのペットボトルであれば、20回×２セットが目標です。

イメージで

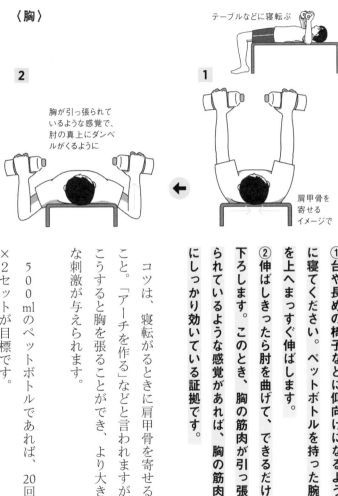

中級
★☆☆

ダンベルフライ

セット数
20回×2セット

ジムで胸を鍛えようとする人の多くが「ベンチプレス」をやりますが、実は胸の大きな筋肉である大胸筋を効率的に発達させるには「ダンベルフライ」のほうがおすすめ。前項で解説したように、ベンチプレスはフォームの関係から可動域が限られてしまいます。

可動域という意味ではダンベルプレスも広いのですが、ベンチプレスもダンベルプレスも複数の関節を動かす多関節運動になります。一方で、ダンベルフライは肩関節のみを動かす単関節運動ですから（肘関節も少しは動きますが）、上腕三頭筋があまり使われません。大胸筋に狙いを定めて鍛えることができるというわけです。こちらも床より、長椅子などで仰向けになって行うのがおすすめです。

〈胸〉

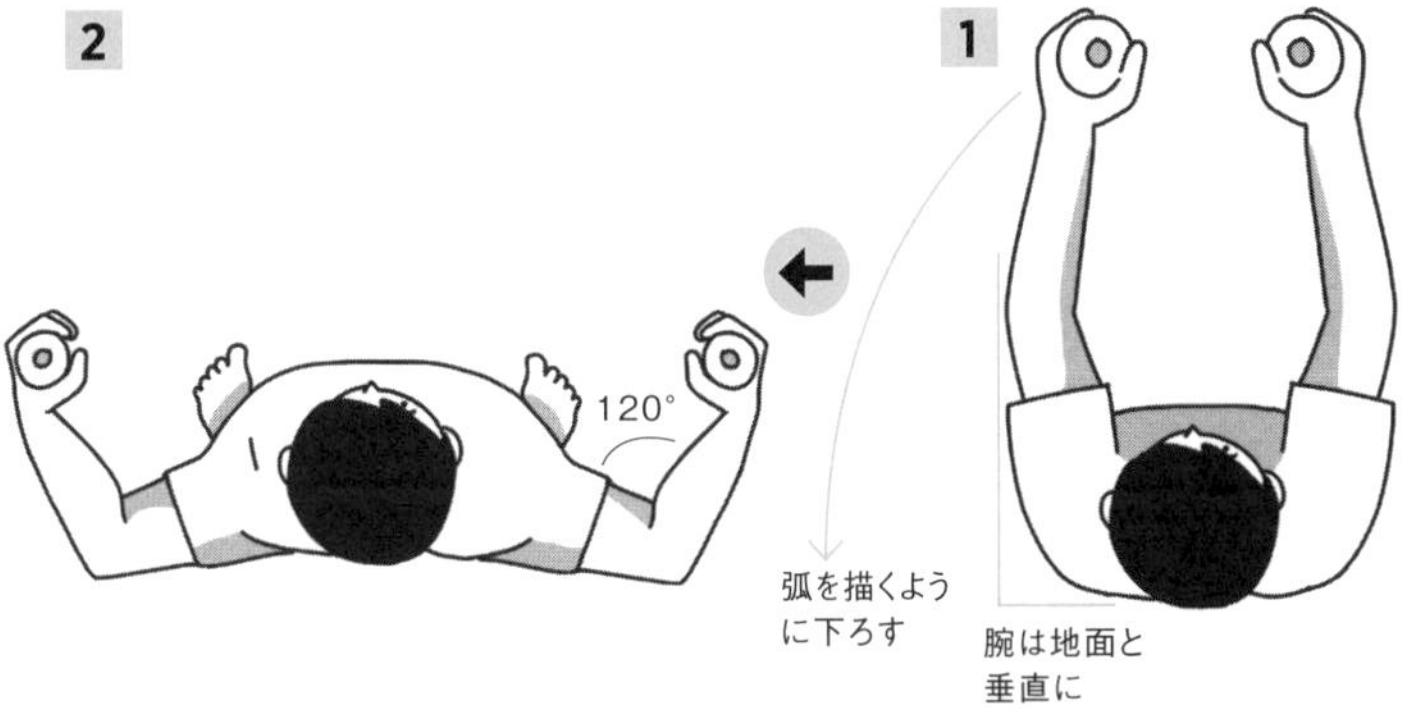
2
1
120°
弧を描くように下ろす
腕は地面と垂直に

①ペットボトルを持ち、両腕は床に対して垂直に伸ばす。ここでも胸を張るようにしてください。このとき、肘は完全には伸ばさないようにしておきましょう。実は、これが正しいダンベルフライのためのコツ。

②ダンベル（ペットボトル）を下ろすときは、弧を描くような軌道で。真下だとダンベルプレスになってしまいます。気をつけたいのは、腕を下ろしたときの肘の角度。大体、120度くらいになるようにしましょう。

また、手のひらは内側に巻かれないように、上向きになるように意識します。

中級
★★☆

インクラインダンベルフライ

セット数
20回×2セット

腕のメニューでもご紹介したように「インクライン」とは、角度を付け、上体を傾斜させて斜めの状態で行うトレーニング。このメニューは、インクラインで行うダンベルフライ。ですので、基本的にはダンベルフライのやり方と同じです。

自宅で実践する場合、ソファや椅子に浅く座って行いましょう。椅子の座り方を工夫し、椅子の座面に対して、上半身の角度が60度くらいになるように。理想は45度ですが、自宅でできる範囲で調整してみてください。

①椅子などに浅くこしかけ、腕を伸ばします。ダンベル（ペットボトル）を向かい合わせた状態がスタートポジション。両腕が床に対して垂直の状態にしましょう。

②肘を曲げながら、弧を描くような軌道で下ろしていきます。下ろしたときの肘の

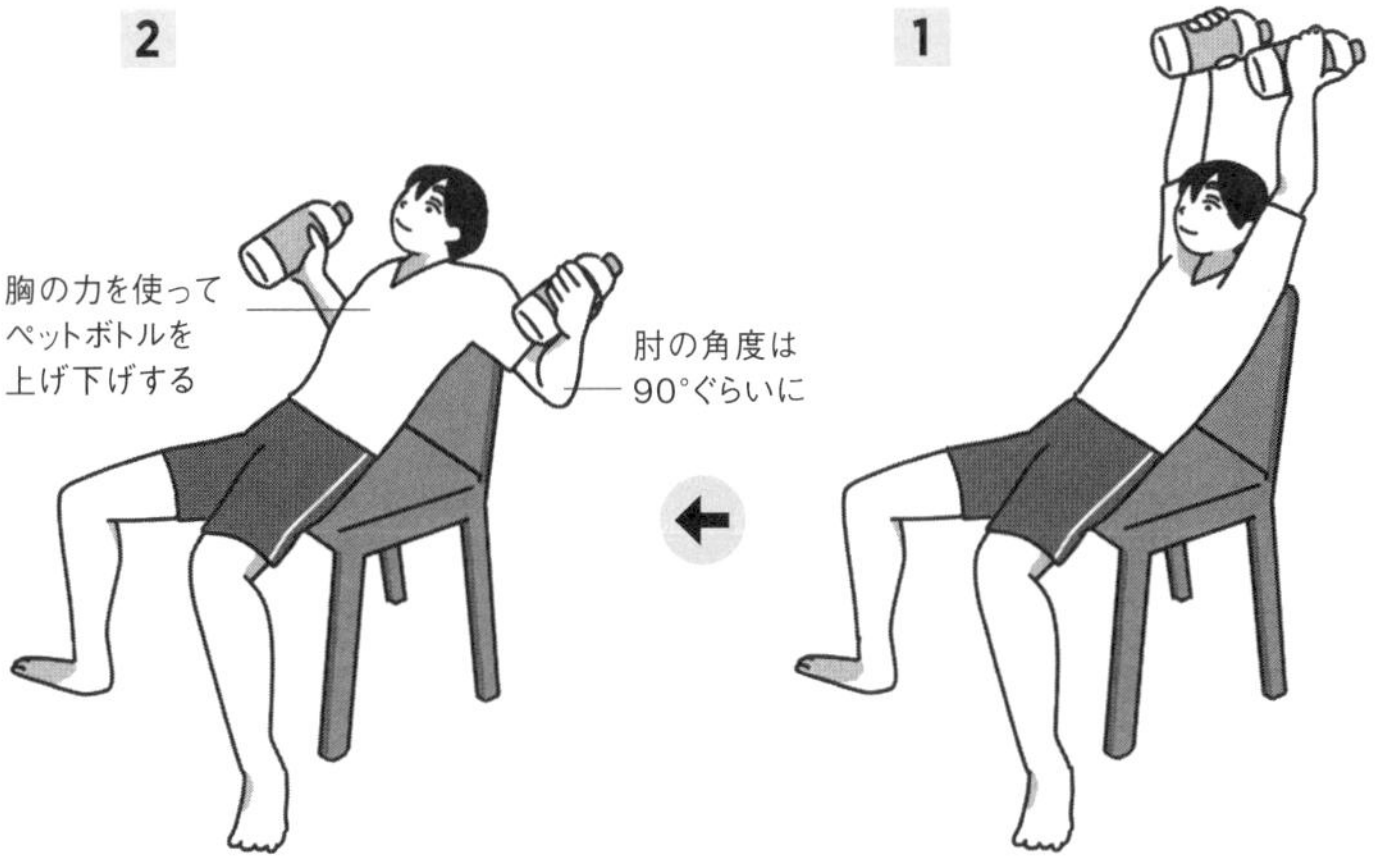
1
2
胸の力を使って
ペットボトルを
上げ下げする
肘の角度は
90°ぐらいに

角度は約90度程度が理想です。下ろしきったら、胸の力を使ってスタートポジションへ戻していきます。

上半身に角度をつけることによって、大胸筋の特に上部が鍛えられていることがわかると思います。ぜひインクラインと、フラットで行うダンベルフライを比べてみてください。注意点は、こちらも肘の角度。特に、ダンベル（ペットボトル）を下ろしたときに、肘を曲げすぎてしまうと上腕三頭筋に刺激が入ってしまいます。また、肘の開きすぎもNG。この場合、上腕二頭筋にも刺激が入ってしまいます。

中級
★★★

拍手腕立て伏せ

セット数
8回×2セット

初級編の「ワイド腕立て伏せ（ワイドプッシュアップ）」は、20回程度であれば、余裕でできてしまった人もいるのではないでしょうか。ですが、そこにもうひとつ動作を入れると、ぐっと難易度が上がります。そのなかでもおすすめしたいのが、「拍手腕立て伏せ」。別名、「クラッププッシュアップ」とも言います。

①まずは、ワイド腕立て伏せの体勢になりましょう。そして、通常の腕立て伏せの要領で肘を曲げます。

②腕を曲げきったら、通常はそのまま肘を伸ばして体を起こしていきますが、拍手腕立て伏せでは、床をポンと突き放して、体を浮かせましょう。そして、体が空中に浮いている間に、胸の前で一度拍手し、着地します。

〈胸〉

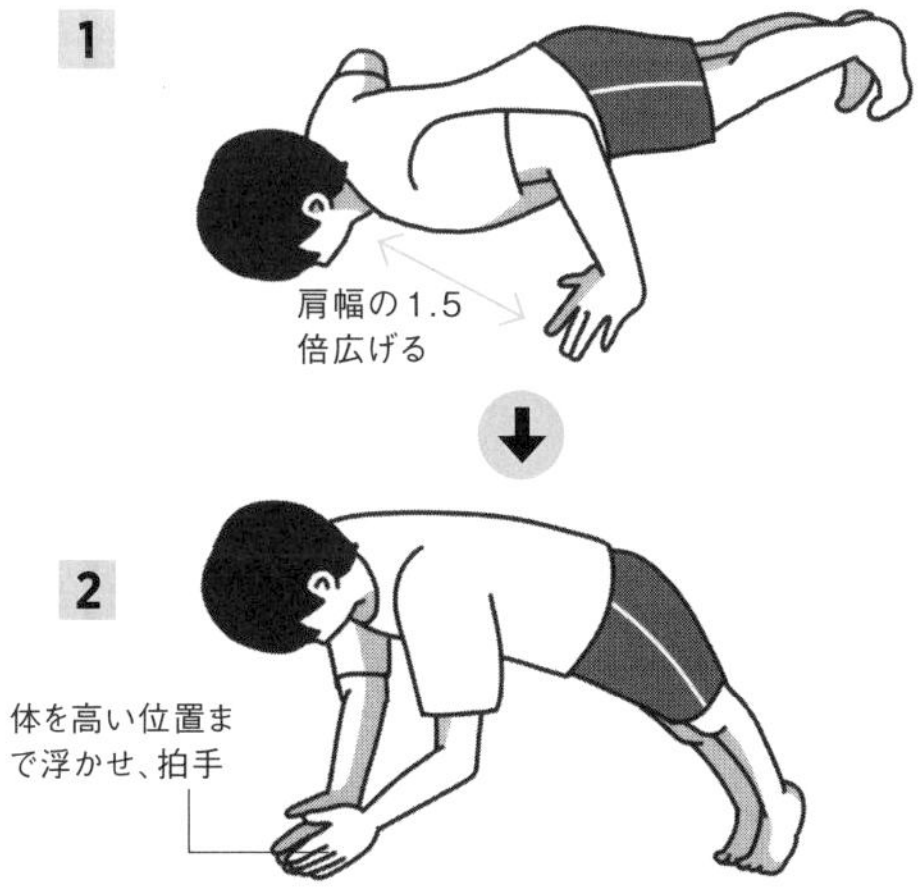
1
肩幅の1.5
倍広げる
2
体を高い位置まで浮かせ、拍手

拍手をするために体を持ち上げないといけないので、普通の腕立て伏せよりも、かなりキツく感じるはずです。また、体を高い位置まで浮かせてから着地することで、上から落ちる体を自分の筋肉を使って支えることになります。自分の重さの分、より重力がかかるので、普段よりも強い刺激を与えることができるのです。

ワイド腕立て伏せが20回できる人であれば、1回程度ならこなせるかもしれませんが、中級編のなかでも、かなり上級編に近いメニューと言えます。一度もできない人は膝をついてやってみてもいいでしょう。

美ボディのベースとなる「背中」をつくる

「肩」のパートでは、美しい逆三角形の体をつくるための筋トレを紹介しました。肩は、逆三角形の上辺を司るので非常に重要です。ただし、きれいな逆三角形の体を手に入れるには、黙々と肩の筋トレだけしていればいいわけではありません。背中の筋肉も重要なのです。

例えば、背中の筋肉のひとつである大円筋は、脇の下に位置しています。ここにボリュームが出ると、背中上部の面積が広くなります。ここに加えてウエストが細く引き締まっていると、きれいな逆三角形が完成するというわけです。

また、背中の筋肉が増えると、体に厚みが増してきます。よく「分厚い胸板」に憧れる男性は多くいますが、背中も鍛えてあげることで体の前後に立体的なボリュームができ、横から見たときによりたくましい肉体へと近づいていきます。

背中の筋肉を鍛えると、姿勢の改善も見込めます。ある程度の年齢になると、頻繁にマッサージに通う人もいるでしょう。そして「姿勢の悪さ」などを指摘されているのではないでしょうか。また背中には縦に長く伸びる「脊柱起立筋群」があります。この筋肉は姿勢の維持に大きく関わっており、ここが弱くなると良い姿勢をキープすることが難しくなっていきます。

「背筋を伸ばす」という行為は、意識するだけではなかなか実現できません。それを支える、筋肉も必要なのです。もちろん、悪い姿勢は日頃の意識の問題や、デスクと椅子の高さなどの複数の要因も考えられます。しかし、知らないうちに背中の筋肉が減り、姿勢をキープする力が失われている可能性も大いに考えられます。いつも猫背になっている人などは、背中の筋肉を鍛えてあげることで、姿勢の改善が期待できるでしょう。

背中を鍛えることは、ビジュアルと健康、両方に良い影響をもたらすのです。

初級
★☆☆

チューブロウイング

セット数
15回×2セット

チューブロウイングは、初級のなかでももっとも難易度が低く、かつ背中全体を鍛えることができるので、ビギナーにはおすすめです。

①足を伸ばして座り、背筋もまっすぐになるように意識しましょう。チューブを土踏まずに引っ掛け、腕を伸ばしてください。このスタートポジションで、チューブが緩んでしまっていると、負荷が上手く加わりません。ピンと張った状態になるように、チューブの長さや持つ位置などを調節してください。

②肘を曲げて腕を引いていきます。このとき、手は親指が上にくるように。上半身が前のめりにならないように注意しましょう。また、肘を曲げるように意識すると、どうしても腕の筋肉に力が入ってしまいますが、そうではなく、背中を使うようにします。

〈胸〉

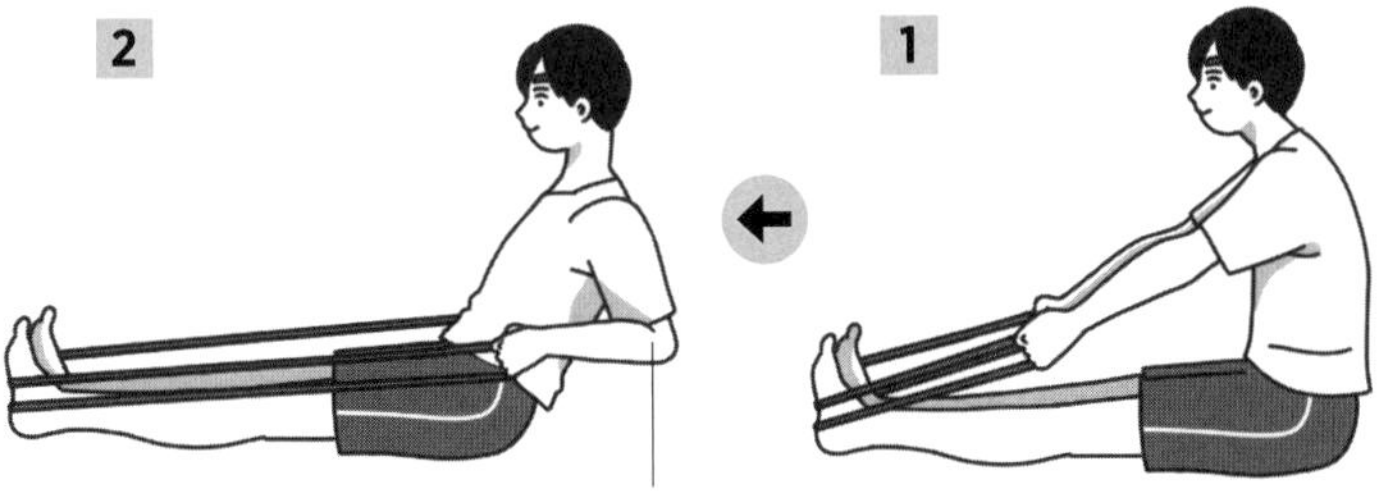

ロウイング系のメニューではよく、チューブを引っ張るときは、「肩甲骨を寄せるイメージ」というようにアドバイスされますが、私は「胸を張るように」とお伝えしています。こうすると、自然に肩甲骨も寄せられますし、よりフォームがきれいになるはずです。

終盤にかけてキツくなってくると、腕の力で精いっぱい引っ張ろうとしたり、また腰を前後に曲げて上半身全体で引っ張ろうとしたりすることも。正しいフォームをキープするように心がけましょう。

回数は15回×2セットが目標です。

初級
★★☆

チューブプルダウン

セット数
15回×2セット

前項の「チューブロウイング」は、チューブを前から後ろに引くことで背中の筋肉を鍛えました。一方、この「チューブプルダウン」は、上から下へ引いていきます。これは背中の、特に大円筋や広背筋に効くメニューです。

①フックなどしっかり固定できるものに、チューブを引っ掛けます。途中でチューブをクロスさせ、下の両端部分を手に持ちましょう。

②肘を曲げながらゆっくりと下ろしていきます。肩甲骨を寄せるようなイメージで下ろしましょう。チューブが自然に止まるところまで、引っ張ります。

ここで気をつけたいのはスピード感。チューブなので負荷もあまり大きくないため、ポンポンポンポンとリズミカルにこなしてしまいがちです。しかし、ゴムの反動ば

〈胸〉

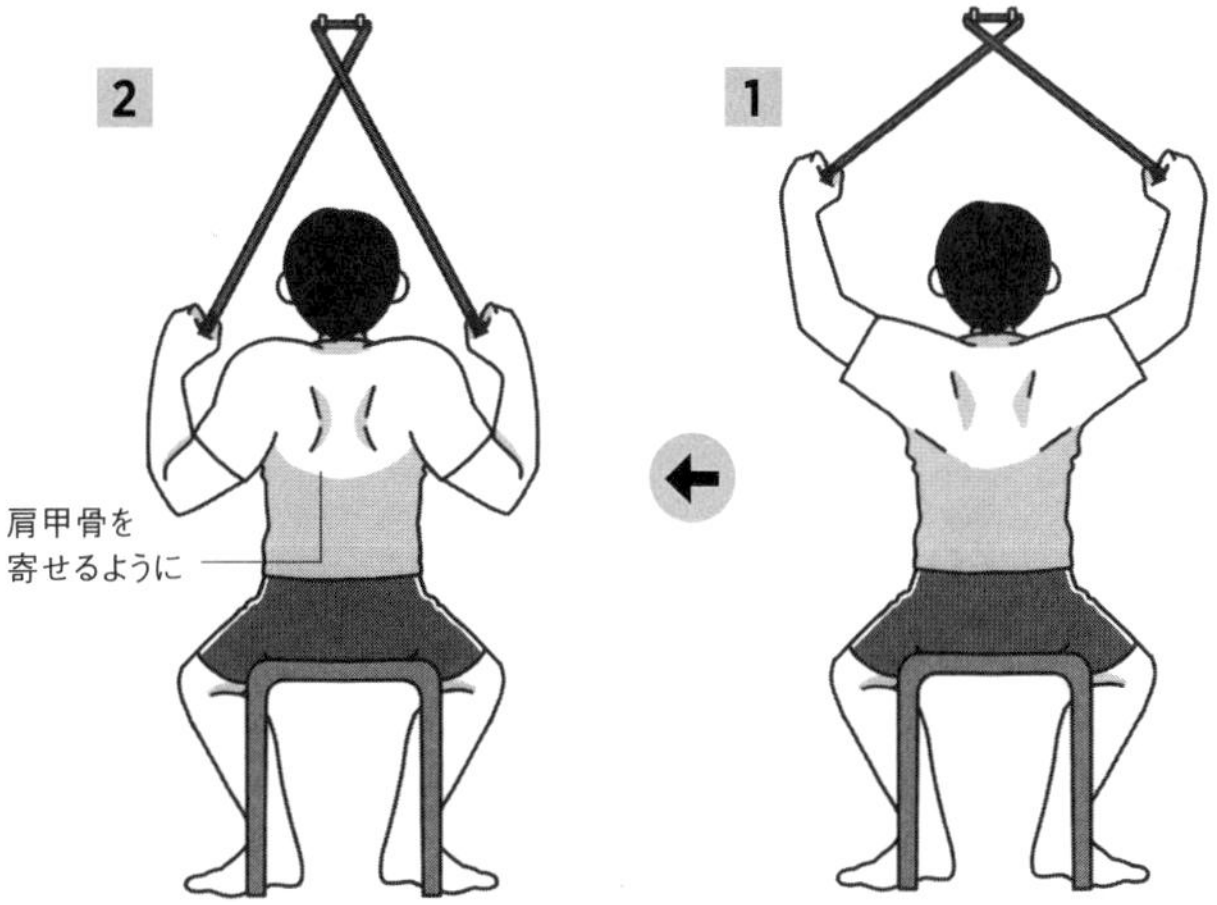

かりに頼っていると、筋肉を上手く鍛えることはできません。

スピードや回数よりもきれいなフォームを目指してください。ジムでハードに筋トレをしている人でも、意外と背中のバランスが悪い人がいます。一方で女性は、比較的きれいなバランスに仕上がっていることが多いのです。おそらく、扱う重量は大きくなくても、丁寧なフォームでトレーニングをしているのでしょう。ぜひみなさんもしっかりフォームを意識して行いましょう。

こちらは、15回×2セットが目標です。

初級
★★★

テーブルロウ

セット数
10回×2セット

「テーブルロウ」は、名前の通りテーブルを使って鍛える種目。

こちらは背中全体に強めの刺激を与えることができる分、難易度は初級のなかでも高め。他の初級の背中のトレーニングを続け、ある程度鍛えてから、改めてテーブルロウをしてみると、自分の筋力アップに気づきやすいかもしれません。

①テーブルの下に潜り込むようにして仰向けに寝転びます。そして、腕を伸ばし、肩幅よりやや広めに開いた両手でテーブルの縁を掴んでください。

②そのまま、胸をテーブルに引き寄せるように、肘を曲げて体を持ち上げます。注意点は、体を持ち上げるときに背中が丸まらないようにすること。体を直線にキープするようにしましょう。腕の筋肉も使いますが、メインで鍛えるのは背中。体勢の関係で腕の力はどうしても使いますが、背中で引っ張る意識を持ち続けましょう。

〈胸〉

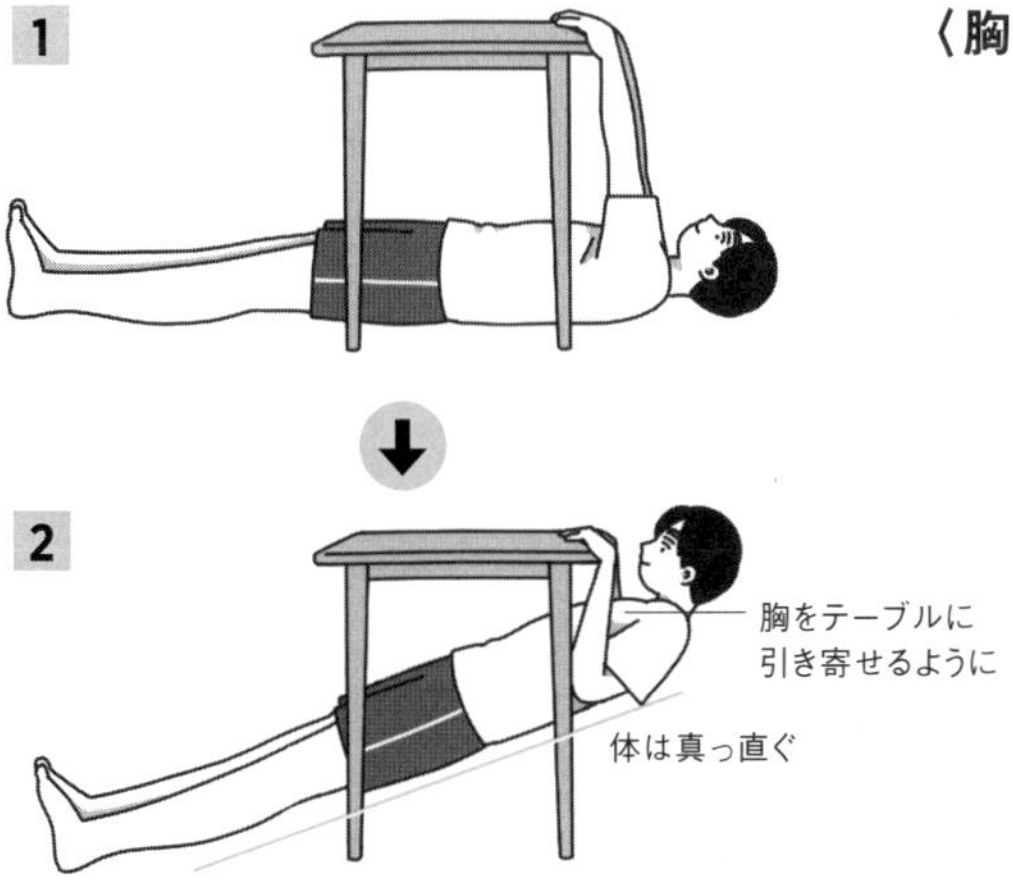
1
2
胸をテーブルに
引き寄せるように
体は真っ直ぐ

必ず、テーブルが安定しているか十分に確認してください。テーブルの片方に体重がのしかかるメニューなので、不安定なテーブルではぐらついたり、ひっくり返ってしまう原因になります。

テーブルロウは、体重が重たい方はより負荷がかかります。足をつける位置によって負荷が変わってくるので、1回もできない人は、足を曲げて、踵の位置を手前側に寄せるようにしましょう。

このメニューは10回2×セットが目標です。

中級
★☆☆

ダンベルロウイング

セット数
20回×2セット

ロウイングとは、本来「オールでボートを漕ぐこと」を指します。「チューブロウイング」は、チューブを使ってボートを漕ぐような動きをすることから、その名前になりました。今回お伝えする「ダンベルロウイング」は、ダンベルを引いていく種目。ダンベルがない方は水を入れたペットボトルで代用しましょう。

①まず、左側を鍛えたい場合は、椅子などに右手をつけてください。このとき、体は前傾させ、椅子と上半身が平行になるようにします。

②右手で体を支えながら、ペットボトルを持った腕を背中側（斜め後ろ）へ引っ張り上げましょう。引けるところまでしっかり引き、スタートポジションに戻るときは、腕を下ろしきるようにします。そうすることで、筋肉を十分にストレッチさせ、広背筋に強い刺激を与えることができるのです。

〈胸〉

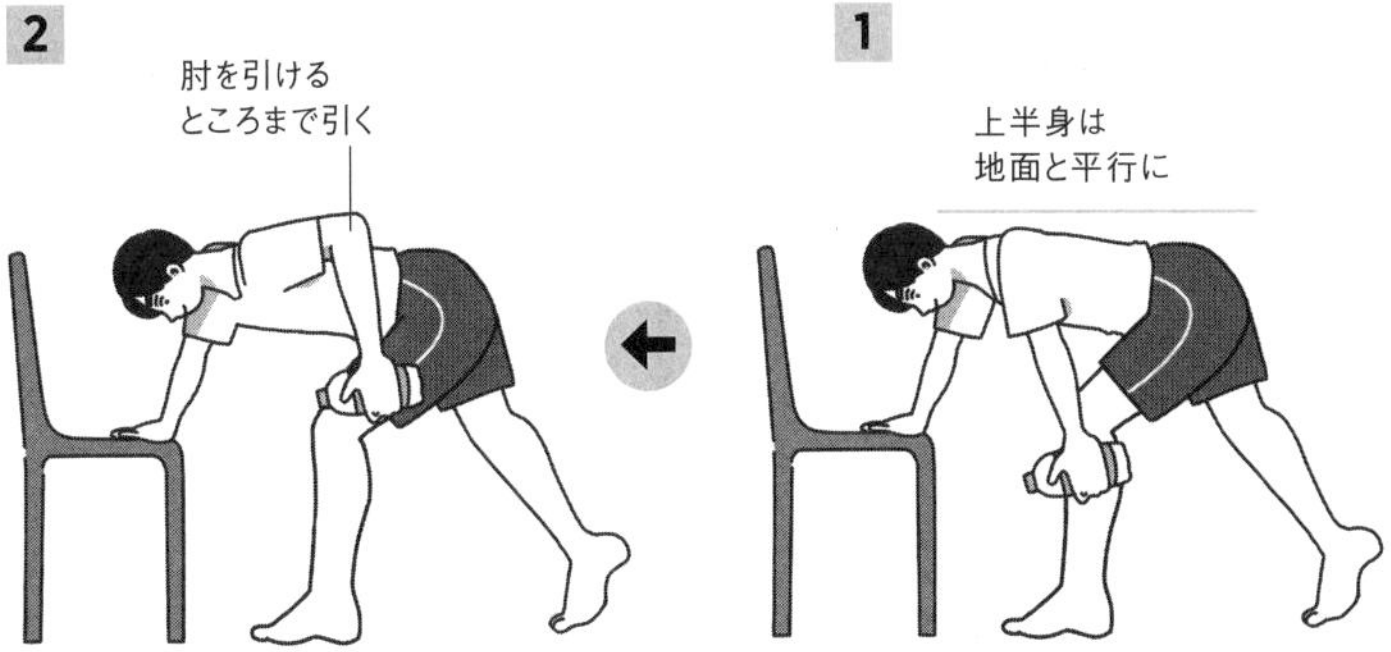
2
肘を引ける
ところまで引く
1
上半身は
地面と平行に

疲れてくると体が前傾になりがちなので要注意。背筋は直線をキープします。また、体をひねりながら持ち上げる人もいますが、それもNG。500mlのペットボトルを使うなら、20回×2セットが目安です。

また、ペットボトル（ダンベル）を上げる位置によって、鍛えたい部位を変えることができます。ペットボトルを斜め後ろではなく真後ろに上げると、僧帽筋という背中の上部や、力こぶにあたる上腕二頭筋や肩の後ろにも効いてきます。鍛えたい部位によってアレンジしてもいいですね。

中級
★★☆

ダンベルプルオーバー

セット数
20往復×
2セット

仰向けになって背中を鍛える「ダンベルプルオーバー」。一般的には「フラットベンチ」という長めの椅子を使って行われますが、背もたれがないやや広めの椅子やテーブルがあれば十分に代用できます。頭から肩甲骨くらいまで座面で支えることができればＯＫです。

①仰向けになって、両手を垂直に上げます。そして、上げた両手を合わせるようにし、親指と人差し指で、ペットボトル（ダンベル）を挟んでください。

②その状態のまま、腕を頭上に倒していきます。

肘は終始伸ばした状態をキープ。肘が曲がっていると腕の上腕三頭筋や胸の大胸筋に刺激が加わります。そういう鍛え方もあるのですが、ここでは背中を鍛えるの

〈胸〉

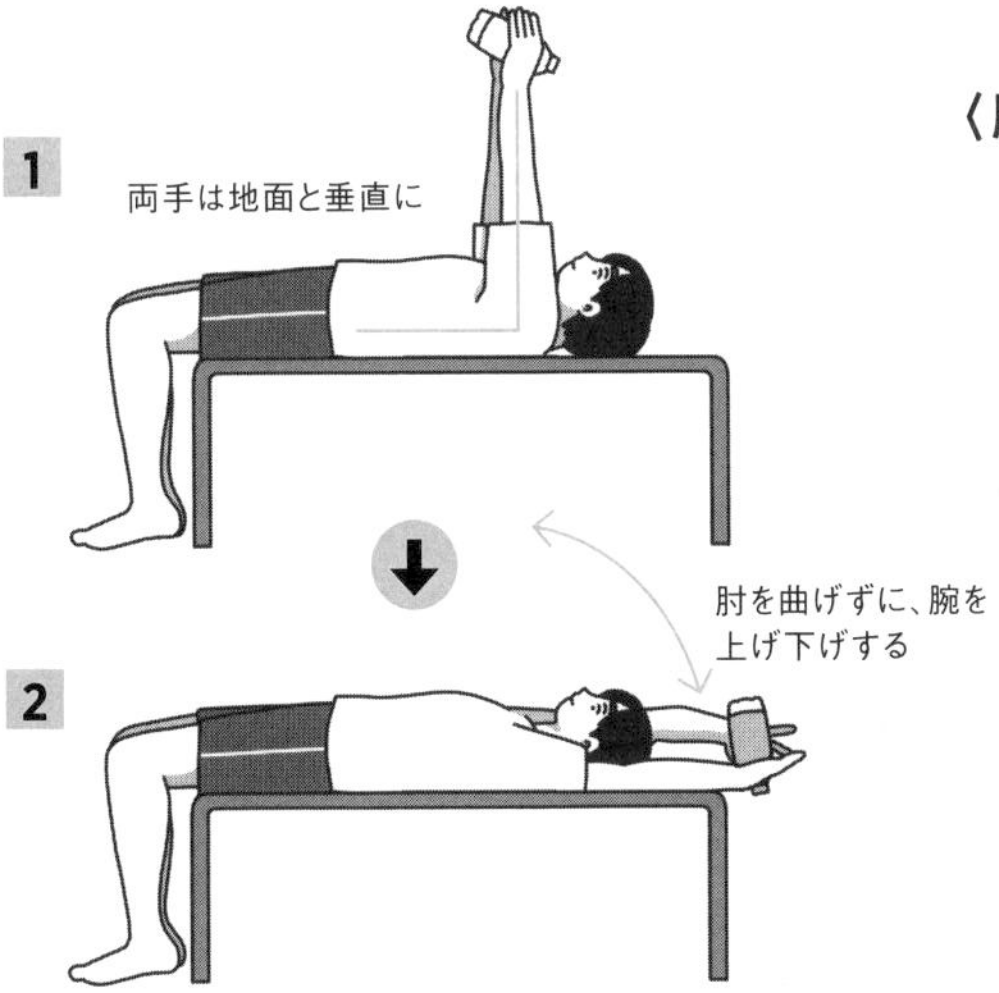
1
両手は地面と垂直に
肘を曲げずに、腕を
上げ下げする
2

が主目的なので、肘は伸ばしたままにしましょう。

この動きによって、背中の広背筋や大円筋などが使われます。

こちらも20往復2セットが目標です。

中級
★★★

サイドプルオーバー

セット数
片腕10回ずつ×2セット

このメニューも寝転がって行いますが、横向きのポーズになります。特徴はなんといっても、肩回り（脇の下あたり）に分布する大円筋に強い刺激を与えることができるということ。大円筋をここまで集中的に鍛えることができる動きは珍しいので、ぜひとも取り入れたいメニューです。

大円筋の面積自体は大きいほうではありませんが、逆三角形の体づくりにも重要なパーツとなります。

①横向きになった状態で、肘が頭の横につくまで腕を下ろします。手の向きは、親指が頭の方を向くようにします。そのとき、しっかり大円筋がストレッチしていることを意識してみてください。

②①の状態から、ゆっくりと腕を真上に上げていきます。①～②にかけて、大きく

〈胸〉

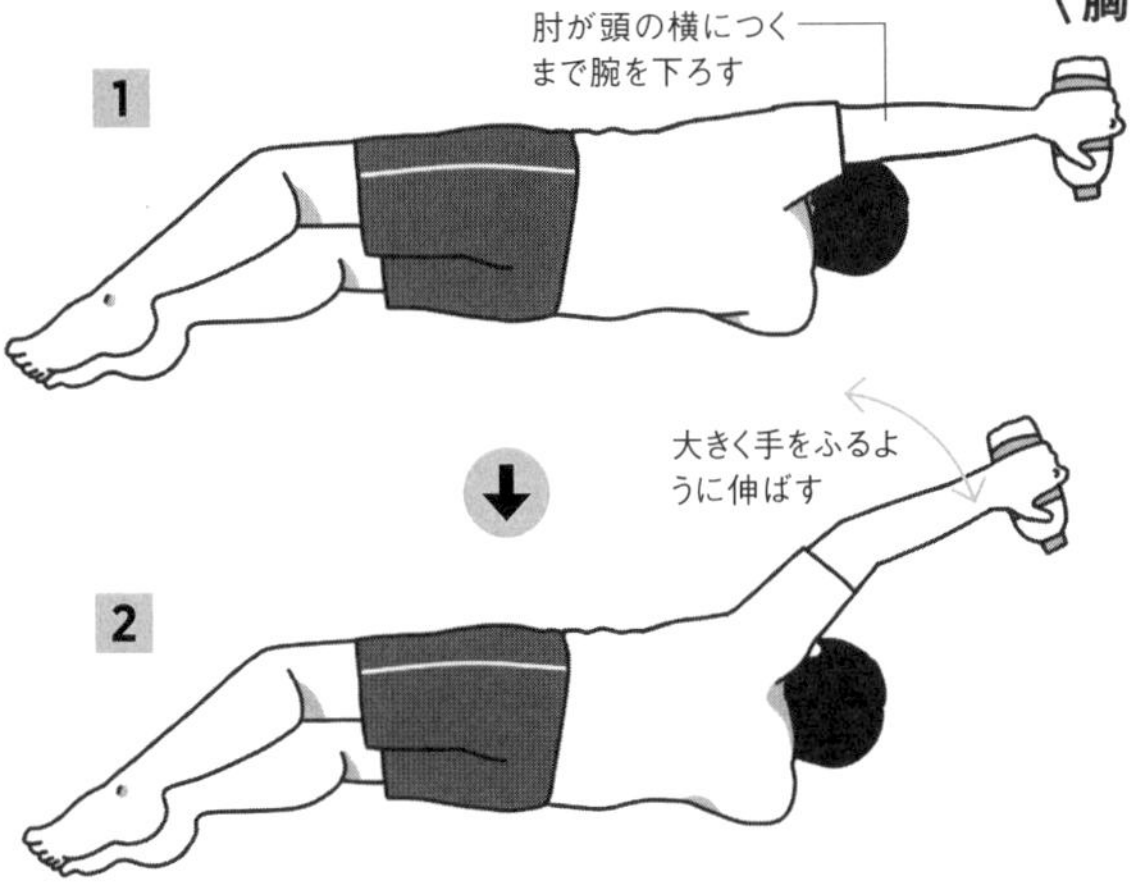
1
肘が頭の横につく
まで腕を下ろす
大きく手をふるよ
うに伸ばす
2

手を振るような形で伸ばしていきます。

注意点は、肘をできるだけ伸ばしたままにすること。また、体の反動を使って持ち上げようとせず、ゆっくり行うようにしてください。

軽い重量でも比較的強い刺激を与えることができるメニューです。なんなら、何も持たなくても大円筋をしっかり伸ばすことができるほど。こちらは10回×2セットを目指しましょう。他の中級編のメニューに比べると半分の回数ですが、それは片腕ずつやるからです。

第3章

筋トレ効果を最大限に高める食事術

筋トレにダイエットが欠かせないワケ

体脂肪が多いと筋トレ効果が落ちる⁉

ここまで筋トレの具体的なメニューについてご紹介してきました。

早速筋トレを始めようと思っている方は、まず現在の体重・体脂肪を把握すること から始めましょう。そして、体脂肪が多い方は、筋トレと並行して減量すること をおすすめします。なぜ筋トレと一緒に減量をする必要があるのか。それは、体に 体脂肪が多くついている状態では、筋トレの効果が落ちてしまうからです。


体脂肪が筋トレ効果を妨げる理由のひとつに、「可動域の低下」が挙げられます。

ここまでお伝えした筋トレには、腕や足を曲げ伸ばしするメニューが多くあった かと思います。これらの筋トレには、鍛えたい筋肉を伸ばして（伸展・ストレッチ）、曲げる（収縮）ことで、筋肉に強い刺激を与え大きくしていく目的がありました。

しかし、体脂肪が多いと脂肪が邪魔をして、動かせる関節の角度も限られてしまい、筋肉も十分に伸展・収縮できなくなります。そうなると、思うような効果が得られません。例えば、お腹が出ていて「自分で靴下を穿けない」という人がいます。そのような状態で腹筋運動をしようとしても、お腹のぜい肉が体の動きを妨げてしまうのです。ここまで極端な例でなくとも、やはり体脂肪がついている分だけ可動域は狭まってしまいます。

2章の筋トレメニューでは、筋肉をしっかり伸展・収縮させるために、正しいフォームを解説しました。しかし、体脂肪が多いとたとえ正しいフォーム意識しても、可動域が狭くなってしまい、思うような効果が得られなくなってしまいます。同じ筋トレメニューをこなしていても、体脂肪が多い人と少ない人とでは、筋肉の発達に差が出てくるのです。

「インスリン」とダイエットの関係

筋トレにダイエットが欠かせないもうひとつの理由に、「インスリン」との関係が挙げられます。インスリンには栄養素を体に運び込む役割がありますが、このインスリンが筋肉細胞に働けば、栄養素は筋肉に運び込まれていきます。しかし、脂肪細胞に働けば、栄養素は体脂肪としてため込まれてしまいます。

もともとインスリンは「筋肉→肝臓→脂肪細胞」の順番で働くようになっているのですが、インスリンの働きが悪い人はこの順番が崩れてしまい、優先的に脂肪細胞のほうに栄養が行ってしまいます。

しかも、体脂肪が多い人ほど、インスリンの働きが悪くなるということがわかっています。すなわち、「体脂肪が増える→インスリンの働きが悪くなる→ますます体脂肪が増える」という悪循環に陥ってしまうのです。

そうなると、効率よく筋肉に栄養素が行き渡らなくなり、せっかく筋トレをしても筋肉が大きくなりにくい。やはり、インスリンの働きを良くするためにも、ダイエットは行ったほうがいいのです。

体脂肪率「男性17％／女性25％」以上は減量が必要

では実際に〝要ダイエット〟となる人の目安は？

基準となるのは体脂肪率です。男性で17％以上の方は、筋トレだけでなく、同時並行でダイエットも行ってください。女性の場合は25％を基準にしましょう。

ちなみに、手で簡単に掴めるくらいのぜい肉が体にある男性は、体脂肪が20％を超えている可能性が非常に高いです。それこそ「ビール腹」になっている人なども20％を超えているでしょうから、多くの人がダイエットも必要になると思います。

また、ダイエットと同時に筋トレも並行して行ってください。ダイエット中は筋トレをしなくていいというわけではありません。

逆に、体脂肪率が低く、筋肉をつけて体を大きくしたいという人にとっても、これからお伝えする食事術は有用です。

「減量期」と「増量期」のサイクルを繰り返す

では、ここからは具体的な食事管理の方法についてお伝えしていきましょう。本書では筋トレと合わせて、「減量期」と「増量期」のサイクルで食事を見直すことをおすすめしています。「減量期」では主に体脂肪を落とすことが目的。一方、「増量期」では筋肉を増やすことを目的としています。

増量期には、大前提として消費カロリーよりも多くのカロリーを摂取する必要があります。そうすることでようやく、体は筋肉を大きくするためにエネルギーを使い始めるのです。増量期では、たくさん食べて、たくさんトレーニングするべきですが、このタイミングで筋肉だけ増やすのは難しい。カロリーがオーバーするため、どうしても脂肪が増えてしまいます。

例えば、増量期に筋トレと食事を増やし、体重が５kg増えたとします。しかし、その内訳を見ると、筋肉が３kg、脂肪２kg増加している……。あくまでイメージですがこうしたことが体で起きています。

しかし、このまま筋肉と一緒に脂肪も増えてしまえば、理想的な体には近づけません。そこで、増量期で増えてしまった分の脂肪を「減量期」で減らします。その際、増量期に脂肪が増えてしまったように、減量期では脂肪とともに、どうしても筋肉も落ちてしまいます。

ただし、この減量期で筋肉が２kg、脂肪が２kg落ちたとすると、１サイクルの増量期・減量期で、結果的に筋肉が１kg増えたことになります。３歩進んで２歩下がるような状況ですが、増量期・減量期のサイクルを繰り返すことで、長い目で見ると筋肉量の底上げができ、体脂肪を減らすことができるのです。

体の仕組み上、「筋肉を増やしつつ同時に脂肪を減らす」というのは難しいですから、根気強く増量期と減量期のサイクルを繰り返していきます。

体脂肪率が17%を超えている人は、早速ですが減量期に入りましょう。ただし、先述の通り、増量期には筋肉だけでなく、脂肪も増えてしまいますので、体脂肪率が17%になった瞬間、すぐ増量期に入るのはちょっと考えもの。

増量期の体脂肪増加を踏まえると、まずは15%になるまで減量期で脂肪を落としていき、そこから増量期へ移るといいでしょう。

筋トレには「初心者特典」がある!

「筋肉を増やしつつ同時に脂肪を減らす」ことが難しいのは、先ほどの解説でお伝えした通り。ですが、筋トレを始めたばかりの初心者には、ボディビルダーでもできない「筋肉だけを増やし、脂肪を減らしていく」という増量期と減量期の良いところ取りができるボーナスタイムが存在します。

一般的に、筋トレを行うと筋肉の材料となっているタンパク質の合成と分解が生じます。分解されるタンパク質よりも、合成されるタンパク質の量が多ければ筋肉は増えていくことになります。家計と同じで、支出よりも収入が多ければ、お金は貯まっていくというわけです。

この合成と分解は筋トレに慣れた体であれば、大体同じくらいの割合で起こり、差分が大きくありません。ほんの少し合成が多いくらいなので、筋肉が増えていくスピードは少しずつになっていきます。

ただし、初心者の場合は話が違います。

初心者が筋トレを行うと、筋肉の分解はそれほど起こりません。一方で、筋肉の合成はかなり高い状態をキープできるので、筋肉が大きくなりやすいのです。こうして筋肉が増えると代謝が上がり、消費カロリーも大幅にアップ。このタイミングに限っては、筋肉を増やしながら脂肪を減らすことができます。

まさに初心者限定のボーナスタイム。この期間に正しい筋トレを行えば、ロケットスタートを切ることができ、しっかりと効果を実感できるでしょう。ただし、この〝キャンペーン〟は期間限定。継続する期間には個人差がありますが、3か月くらいだと思ってください。これは体が筋トレに慣れてしまうからです。

ですから、三日坊主になるのはもったいないですし、この期間でしっかりと筋トレの効果を実感し、筋トレが継続的にできるよう習慣化しておきましょう。人間は、結果が伴えば努力は続きます。

「減量期」と「増量期」の取り組み方

減量期のポイントは「糖質制限」

ここからは具体的に「減量期」「増量期」における食事管理の方法をお伝えしていきます。まず、体脂肪率が17%以上の男性（女性は25%以上）は減量期から始めましょう。

食事制限で気にすべき栄養素は、体のエネルギーになる「糖質・タンパク質・脂質」の3つ。厚生労働省などで紹介されている三大栄養素では、「糖質」ではなく「炭水化物」と記されていますが、炭水化物の内訳は「糖質＋食物繊維」。そして、食物繊維は体に吸収されないので、本書ではわかりやすく糖質を指標としています。

この3つはカロリーがあるので、食べると消化吸収されて体のエネルギーになります。これらのエネルギーは脂肪にも貯蔵されており、食事から摂取するエネルギーが不足したら、脂肪を燃やしてエネルギーを供給します。つまり、食事から十分にエネルギーが得られるのであれば、体脂肪も燃えないので、ダイエットはできません。

そこで、あえて食事によるエネルギー供給を不足させ、体内に蓄えられた脂肪を燃やすことが正しいダイエットのアプローチです。その際、エネルギー源となる「糖質・タンパク質・脂質」の3つを均等に減らしていく、というのは効率的ではありません。

なにより、タンパク質の量を減らすのは避けましょう。タンパク質は、筋肉を大きくする上では欠かせない材料となります。また、タンパク質が不足すると、体に様々な不具合も発生してしまいます。ただでさえ日本人のタンパク質摂取量は不足気味と言われているので、一般的な方であればその量は減らさずにキープするか、むしろ増量するよう心がけます。

では、タンパク質を減らすのがNGだとしたら、糖質と脂質の両方をカットすべきでしょうか？　実はこれも不正解。糖質と脂質の両方をカットしてしまうと、残る主なエネルギー源がタンパク質だけになってしまいます。すると、体は減量期で足りなくなったエネルギーを体内にあるタンパク質からも調達しようとします。そうして、体は〝タンパク質の貯蔵庫〟となっている筋肉を分解します。つまり、必要以上に筋肉が落ちてしまうのです。

せっかく筋トレで筋肉を鍛えても、エネルギーが足りないからと分解されては意味がありません。まるで、穴を掘ってまた埋めるような作業なのです。タンパク質はエネルギーとしてではなく、筋肉や体をつくる栄養として使いましょう。

だとしたら、エネルギーの確保は脂質と糖質のどちらから賄うのか。効率的に減量をするなら「脂質」を取り入れるのが正解。つまり減量期では「タンパク質」と

「脂質」でエネルギーを確保し、「糖質」を制限するのがポイントです。

糖質を制限する主な理由に「インスリン」の分泌が挙げられます。

インスリンには脂質の合成を高める働きがあるため、分泌量が多いと脂肪が落ちにくくなってしまいます。そのインスリンを増やす要素のひとつが「糖質」なのです。つまり、体脂肪を減らすには糖質ではなく脂質をエネルギー源とするほうが、効率的なのです。

また、脂質と聞くと、コレステロール値を気にする人も多いのではないでしょうか。でも、実は血中コレステロールの値が上がる原因は、脂質ではなく糖質の過剰摂取だと言われています。コレステロールが心配ならばむしろこの糖質制限ダイエットを行うべきです。加えて、もともと日本人は、体中で脂肪の吸収があまり得意ではありません。そのため、多少の脂肪を摂ったところで「血液がドロドロになる」という状態にはなりにくいのです。

また、「脂質を摂ると太る」というイメージがあるのは、その高いカロリーにあるでしょう。確かに、脂質はタンパク質や糖質に比べて倍以上のカロリーがあります。しかし、糖質やタンパク質も食べすぎればカロリーオーバーするように、何事も適正量が大切。脂質も1日の消費カロリー内に抑えておけば太ることはありません。

繰り返しになりますが、糖質だけでなく脂質も減らしてしまうと体内でエネルギーが足りなくなったとき、貴重なタンパク質がエネルギー源になってしまいます。それを避けるために、脂質も意識的に摂るようにしましょう。

突然の極端な糖質制限は逆効果

ただし、多くの人にとって普段の主なエネルギー源は脂質ではなく糖質。昨日まで糖質が主なエネルギー源だったのに、すぐに脂質メインに切り替えるのは難しいものです。このエネルギー経路の切り替えには、少し時間がかかってしまいます。

エネルギーをつくる経路が糖質仕様になっているのに、ある日突然糖質を一切摂らなくなると、体はエネルギーを上手く作れません。いくら脂質をたっぷり摂っても、脂質をエネルギーにする経路がないとエネルギー不足に陥ってしまうのです。上手く切り替えないと、一時的にエネルギーが不足してしまう危険性もあります。

急激なエネルギー経路の変化は、空腹感だけでなく、眠気やダルさの原因にもなってしまいます。仕事にも日常生活にも支障をきたし、ダイエットどころではなくなるでしょう。体調不良などでダイエットを諦めてしまったことがある人は、急激に糖質を制限してしまったことが原因となっている可能性もあります。最初に糖質制限を行う上で大切なことは、徐々に糖質の量を減らしていくこと。一方で脂質の量も増やしていくことで、体内のエネルギー経路を切り替えていきます。

減量期の糖質は通常の「3分の1」

日頃の食事からストレスのない範囲で、糖質を少しずつ減らしていくには、余裕を持って1か月の時間をかけて行っていきます。

また、糖質制限というと、できる限り糖質を避けるというイメージもありますが、糖質をまったく摂らないというわけではありません。最終的な目標は「糖質を現在の3分の1の量に減らす」こと。1日に3食取っている方であれば、そのうちの1回は通常通り糖質を食べても大丈夫なペースです。

厚生労働省が発表している「日本人の食事摂取基準」によれば、炭水化物（糖質）

は50〜65％と言われています。１日の消費カロリーなどに当てはめて考えると、大体１日に約３６０gの糖質を摂ることが基準とされています。この値を３分の１にすると、１日あたり約１２０g。お茶碗一杯のご飯の糖質が大体50gくらいですから、意外と食べることができます。まったく「ストイック」な内容にはなっていないはずです。

ただし、いきなり糖質を３分の１にカットすると、猛烈な空腹感に襲われたり、ダルさなどを感じてしまう可能性もあります。普段から３食たっぷり糖質を摂っている人が、いきなり減らすのは現実的ではないでしょう。減らすなら段階的に。無理なく、10日ごとに減らしていく方法もおすすめです。例えば、第１フェーズにあたる最初の10日間で３食のうち夜の糖質だけ３分の１に減らしてみる。第２フェーズにあたる次の10日間はお昼の糖質も３分の１の量に。さらに最後の10日間は３食すべて意識して減らしていく、というように徐々に削れば無理なくできるでしょう。

あるいは、朝は糖質を摂らなくても平気だという方も多いはずです。第１フェーズで朝食の糖質をすべてカットし、第2フェーズで夕食の糖質をカット、糖質を摂取するのは昼食のみにする、という方法もあります。どのような組み合わせで制限するかは自由ですが、全体として糖質の摂取量を、まずは従来の3分の2、そして3分の1へと段階的に減らしてみるようにしてください。

こうして段階的に糖質制限を行うことで、1か月後には、糖質の少ない食事にも体が慣れてくるはずです。問題なく続けられるようでしたら、2か月目からは「糖質3分の1生活」をそのまま続けてください。

減量期の脂質は通常の約「2割増」

糖質は3分の1までカットしていきますが、だからといって脂質を3倍にするわけではありません。脂質のカロリー量は糖質の倍以上と言いましたが、脂質を3倍にしてしまうと、いくら糖質を3分の1にしてもカロリーオーバーになってしまうでしょう。

糖質は360gから120gに減らしましたが、脂質は平均摂取量の60gから85gと約2割増やします。このように糖質と脂質の割合を調整しつつ、1日の摂取カロリーを約500kcal減らすように目指しましょう。

一方、本気でダイエットをする人ほど、カロリー計算をするときには、かなり細かく自分の消費カロリーや必要摂取カロリー数を計算します。複雑な計算式や、あるいはネットのカロリー計算ツールなどを使って多くの人が適正なカロリー数を把握しているようです。もちろん、それは間違っていないのですが、その一方でダイエットは長続きさせることが重要。いくらダイエットの計画を練りに練ったところで、長続きしなければ思うような効果は出ません。

多少大雑把で構いませんので、長く続けられるほうが重要です。その点、「糖質を今の3分の1に」「脂質は今の2割増」くらいの目安であれば、大きなストレスにならないはず。ざっくりした目安であっても、自然と摂取カロリーは抑え気味になりますし、筋トレも並行して行うので消費カロリーも増えていきます。ゆっくりとではありますが、確実に減量していけるのです。

日本人の食生活だと「脂質の2割増」は意外と難しいようです。糖質と脂質がたっぷり入った料理はたくさんありますが、そういったメニューで脂質を賄おうとしても糖質がオーバーするでしょう。ですから、脂質のみを多めに摂取するというのは、多くの日本人にとって意識的に行わないと達成できない目標かもしれません。

ただし、タンパク質は多めに摂るという条件を鑑みると、食材を吟味することで様々なバリエーションの食事を取ることができます。例えば、サーロインステーキという一見ダイエットの大敵に思えるようなメニューも、この糖質制限ダイエットでは優秀なメニューになるのです。その他、具体的に何を食べれば効率的に脂質が摂れるのか、その情報は後ほどお伝えしましょう。

タンパク質は「体重1kgあたり2g」

糖質制限と筋トレを並行するに当たり、タンパク質も重要な存在となります。日本人は日常的にタンパク質が不足していると言われています。しかし、筋トレをしている人であれば、体重1kgあたり2gは摂取したいものです。もし、体重が70kgの人なら、1日に140gは摂る計算です。

この数値は例えば、鶏むね肉を140g食べればいいわけではありません。タンパク質として、140gを摂らないといけないのです。そのためには鶏むね肉なら600gくらい食べる必要があります。実際にやってみると、普段通りの食事でこれだけのタンパク質を摂るのは意外とハードルが高いはず。タンパク質は筋肉に欠かせない存在ですし、不足するとせっかく鍛えた筋肉が分解されやすくなり、健康にとってもよくありません。そこでプロテインとなるわけですが、詳しくは後述します。

増量期に移行するタイミング

体脂肪が17%以上の人は筋トレと並行してダイエットを行うべきだとお伝えしました。では、無事に体脂肪率が下がった後はどうすればいいでしょうか。あるいは、すでに規定の体脂肪率を下回っている人はどうすればいいでしょうか。そういった方は「増量期」に入りましょう。

増量期でも、やはりタンパク質の摂取量はキープしてください。むしろ、増量期には筋肉を積極的に増やしていく期間なので、不足しないように注意しましょう。そして、気になる脂質と糖質。こちらの2つは、好きに摂ってしまっても大丈夫です。たくさん食べて、体のエネルギーが余っている状態をつくり出します。それによって筋肉が大きくなりやすくなるのです。もちろん、暴飲暴食の繰り返しは考えものですが、筋肉が大きくなった分消費カロリーは増えていますし、増量期にもタンパク質の摂取量をキープすることが条件なので、脂質や糖質を大量に摂ろうと思っても、タンパク質だけで意外と満腹になってしまうはずです。

また、減量期⇕増量期の切り替えのタイミングは体重が基準。最終的に体重を増やして体を大きくしたい人は、増量期に体重の10％増、減量期には５％減、また次の増量期に10％増……といった具合に、目標体重に達するまでこのサイクルを繰り返します。一方、体重を減らすのが目的の方は、減量期に現在の体重の５％減、増量期は２・５％増、減量期にはまた５％減……を繰り返しましょう。

（例）

体重を増やしたい／60kgスタートの場合

60kg→66kg（増量期）→63kg（減量期）→69kg（増量期）→66kg（減量期）

体重を減らしたい／80kgスタートの場合

80kg→76kg（減量期）→78kg（増量期）→74kg（減量期）→76kg（増量期）

※小数点以下四捨五入

減量期と増量期のサイクルイメージ

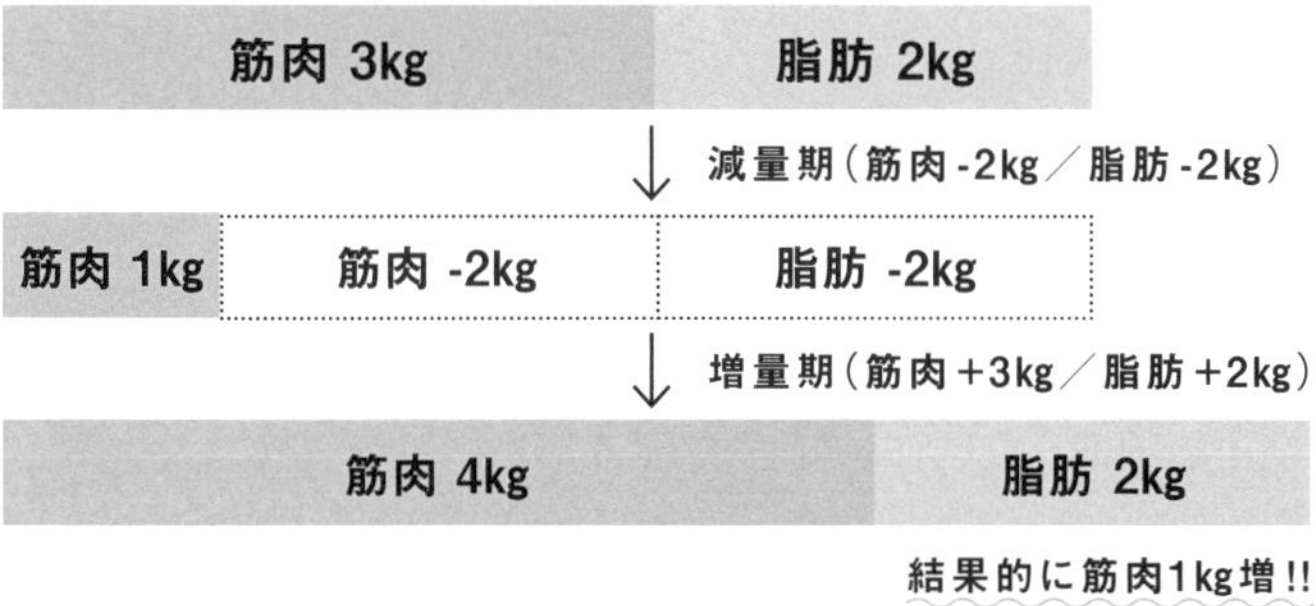

減量期の栄養バランス

（例）体重70kgの成人男性

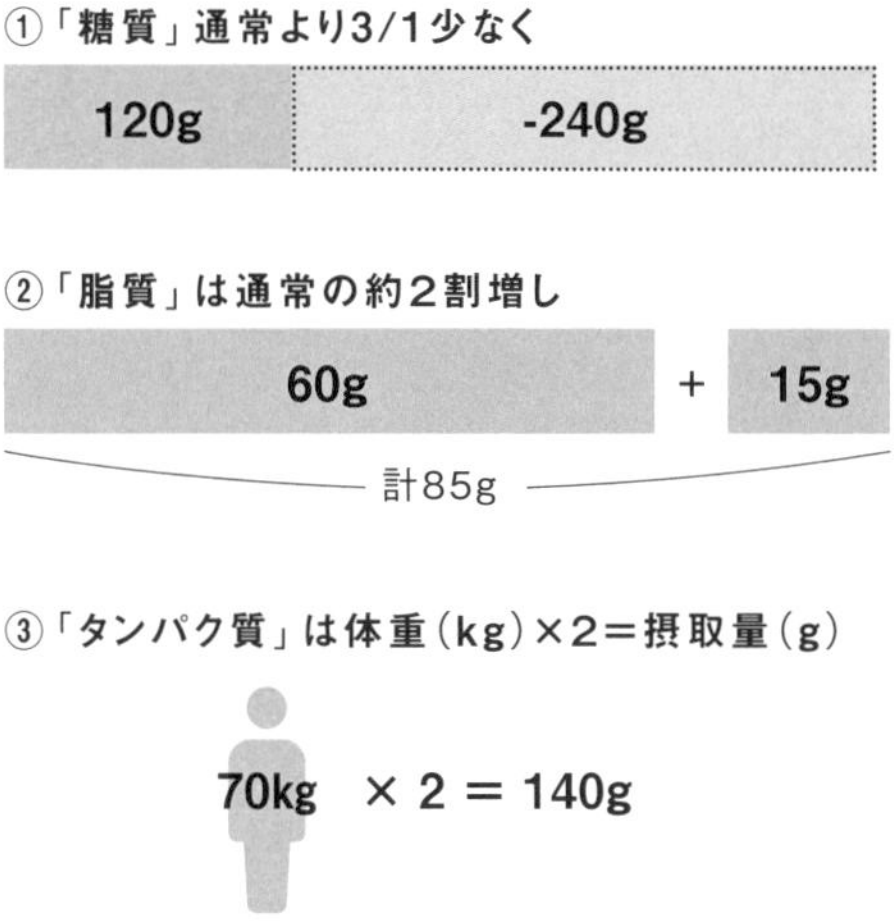

■筋肉のために積極的に摂りたい食材

今回のダイエットでは、糖質の摂取を普段の食事の3分の1に抑え、その代わりに脂質を2割増やしています。

しかし、日本人の食生活は、基本的に糖質が多く、逆に脂質は少なめ。つまり、「いつもの食事」をしていては、「低糖質・高脂質」な食事は実現できません。加えて、タンパク質の摂取はもともと少なめなので、こちらも意識的に摂取したいところ。

では、実際にはどんなものを食べればいいでしょうか。

多くの人がイメージするダイエット食というのは、ブロッコリーと茹でたササミ、卵の白身などの「低糖質・低脂質・高タンパク質」の食事ではないでしょうか。こういった食事は、「お腹はいっぱいになっても心が満たされない」などの理由から、続けられない人も多いようです。

本書でおすすめしているのは、「低糖質・高脂質・高タンパク質」。口にできる食材は意外と多く、ダイエット時には避けられがちなメニューも、立派な推奨メニューとなるのです。脂質をたくさん摂ることができる今回の食事法は、〝食の楽しみ〟も味わうことができるでしょう。

ここでは、「低糖質・高脂質・高タンパク質」ダイエットでおすすめしている料理や食品、食材をとり挙げます。

・ステーキ

「低糖質・高脂質」の食事は、自炊をすると簡単に管理できるのですが、意外と困るのが外出時です。飲食店のランチは定食でご飯がついていたり、丼になっていたりと糖質は多め。

その点、ステーキというのはランチの選択肢として優秀です。タンパク質を多く含み、脂質も豊富。いつもは避けられがちの脂身もできるだけ食べてみましょう。まるでダイエットをしているとは思えないほど、満足感も高いはずです。

お昼に糖質をもってくる人であればいいですが、抜きたい人は「ライスなし」にしてみましょう。最近ではライスなしだと100円引きなどにしてくれるお店も増えています。もちろん、自宅でステーキを楽しむのもいいでしょう。焼くだけなので気軽に楽しめます。脂質も摂っていいので、脂身が少ないと言われている高価なヒレステーキなどは買う必要もありません。

・焼き肉

満足感があり、高脂質・高タンパク質といえば、焼き肉もおすすめです。ランチでもいいですし、外食時に焼き肉をチョイスすれば糖質をなるべく避けることができます。焼き肉と食べるご飯が欲しくなるという人もいると思いますが、例えばご飯の代わりにサンチュなどと食べると糖質の摂取を控えることができます。

ちなみに、調味料にも糖質は含まれています。焼き肉も、あの甘辛いタレには糖質が含まれています。しかし、そこまで気にすると長続きしません。大量のタレを摂取するのは考えものですが、常識の範囲内であれば調味料の糖質は誤差の範囲として、あまり気にする必要はありません。

・サバの塩焼き

セブン - イレブンなどのコンビニに売っているサバの塩焼きは、ダイエットにおいて非常に優秀です。まず糖質がほとんど含まれません。そして、タンパク質と脂質が豊富に含まれています。そして、かなり美味しい。電子レンジでチンすれば気軽に食べられるのもおすすめの理由です。

コンビニでいえば、お惣菜コーナーに魚のメニューが豊富に揃うようになりました。鮭やホッケなどもいいでしょう。こういった魚にはタンパク質と脂質が豊富なものが多く、含まれる脂質が良質なのもポイント。コンビニ商品に限らず、イワシやサバ、サンマといった青魚は全体的におすすめです。こういった食材の缶詰ならリーズナブルに手に入ります。ただし、味噌煮などの場合、タレをすべて飲み干してしまうと思いがけずたくさんの糖質を摂ってしまうことも。そうした点には注意しつつ、上手く活用してみましょう。

・コンビニの焼き鳥

コンビニのホットスナックコーナーで売られている焼き鳥もまた、おすすめ食材です。各社の企業努力により、味のクオリティは向上しています。安価で気軽に食べられるのもいいですね。ジューシーで美味しい「もも」なら高タンパクで脂質も比較的多く含みます。「皮」なら脂質がさらに豊富。「むね」も脂質は控えめですが、タンパク質は多く、食べごたえもあり。小腹が空いた際や、もう一品欲しいときなどに買ってみるのもいいでしょう。

・ファミチキ

脂質とタンパク質をたくさん摂るという意味では、「ファミチキ」などのフライドチキン系のホットスナックも食べて大丈夫です。もちろん、衣は小麦粉を使用しており食べすぎは禁物。しかし、ファミチキの炭水化物は1個あたり14・8gなので、1個であれば許容範囲内です。ときにはファミチキのようなジャンキーなものを食べたくなる人もいるでしょう。1日の糖質の量を把握しながらではありますが、あまり我慢せず、食の楽しみをつくるのも長続きのコツです。

・サラダチキン

ダイエッターに大人気のサラダチキン。サラダチキンが愛される理由はタンパク質が豊富に含まれること、そして脂質も糖質もほとんど含まれないことが挙げられます。今回は、脂質を積極的に摂取するので、毎回サラダチキンを食べる必要はありません。ただ、サラダチキンは手軽に食べられるタンパク源。調理の手間も不要で、オヤツ感覚で食べることができます。タンパク質の摂取量が足りない場合、こういった食材も上手く使ってみてください。

・プロテインバー

コンビニに行くと、豊富な種類のプロテインバーが売られています。プロテインバーと言うくらいですから、タンパク質は非常に豊富。さらに、他のチョコレートスナックなどに比べると、糖質は控えめになっています。一般的なスイーツは、糖質制限中にはなかなか食べられないので、プロテインバーなどによってスイーツ感覚を楽しめるでしょう。

ただし、糖質とタンパク質の量には注意が必要。タンパク質がいくら多くても糖質が多いと、1日の摂取量をオーバーするかもしれません。また、「タンパク質配合」と明記してあっても、実はタンパク質は5g程度しか入っていなかった、ということも。味が好きで、なおかつ糖質の量を考慮しながらであればダメとは言いませんが、あまり効率はよくありません。プロテインバーを選ぶ際の基準は、タンパク質が最低15g以上であること。また、なるべく糖質が少ない商品、最低でも糖質20g以下のプロテインバーを選ぶことをおすすめします。

・ナッツ系

高カロリーなイメージの強い、ナッツ。確かにカロリーは高いのですが、それは脂質がたくさん含まれるているから。そんなナッツは「低糖質・高脂質」食において優秀な食材です。さらにナッツには、「一価不飽和脂肪酸」と「多価不飽和脂肪酸」という良質な脂質がたくさん含まれています。

クルミやアーモンドはコンビニでも気軽に手に入りやすいですし、パウチ入りの商品であれば手軽に少量ずつ食べやすくなっています。特に間食にはもってこい。デスクやバッグに忍ばせておき、小腹が空いたときに食べるようにするといいでしょう。

・アボカド

森のバターとも言われるアボカド。「世界一栄養価が高い果物」としてギネスに認定されているほど、優秀な食材です。良質な脂質を含むことに加え、「リパーゼ」という脂肪を消化する酵素を含んでいるため脂肪の消化を助けてくれるという一面も持っています。

・卵

卵はタンパク質もしっかり摂れる、実に優秀な食材。アミノ酸のバランスが良いためタンパク質としての品質も最高です。ダイエット中には黄身を避ける人も多いですが、黄身には脂質が豊富に含まれるので、全卵として食べるのもいいでしょう。

火を通したほうが消化がしやすくなります。また、調理時にオリーブオイルなどを使えば脂質を効率的に摂れますし、料理の幅も広がります。

・オリーブオイル

オリーブオイルも良質な油です。ＧＬＰ‐１というインスリンの働きを高めてくれホルモンを出す働きもあるとの報告も。加熱調理をする際もオリーブオイルは非常におすすめ。いくつかの油を使った加熱実験によるとオリーブオイルが一番加熱に強かったという実験結果もあります。調理時に大さじ１杯のオリーブオイルを使用すれば、それだけで15ｇの脂質を摂ることが可能です。

調理に使う油といえば、サラダ油がメジャーですが、油の質的になるべく控えましょう。また、香りが豊かで人気のごま油は油の質的に可もなく不可もなくといったところ。なるべく、オリーブオイルを使うほうがいいでしょう。

・MCTオイル

近年の健康志向の高まりから「MCTオイル」をスーパーやテレビCMなどでも目にするようになりました。MCTオイルに含まれる中鎖脂肪酸は肝臓で容易に「ケトン体」というエネルギー源になるため、脂肪として蓄積されにくいという特徴もあるのです。従来、脳の栄養になるのは「糖質だけ」と言われていましたが、ケトン体もエネルギーになることが明らかになっています。ケトン体は脂質からつくられるので、この本で取り上げている低糖質・高脂質の食事とも相性が良いのです。

ただし、良質とはいえ値段も高めですし、加熱すると煙が立ちやすく調理には不向き。コスパ重視ならオリーブオイルを選んだほうがよさそうです。

・コーヒー

コーヒーに豊富に含まれるカフェインは、体内で「ケトン体」を増加させることがわかっています。よく「コーヒーは1日何杯飲めばいいのか」と議論になりますが、1日4杯は飲んだほうがいいでしょう。ただし、6杯を超えるとカフェインの悪影響が出てくるので、飲みすぎに注意。1杯100mlとして、1日に400ml程度飲むようにしてみましょう。

・バターコーヒー

最近、「バターコーヒー」はコンビニなどで商品化されるほど、ニーズが高まっています。日常生活ではあまり脂質を摂らない日本人の食生活のなかでは、脂質を意識的に摂る必要があります。そこで、コーヒーに脂質の塊である「バター」を入れることは有効。バターも牛乳から作られるので、生クリームを入れたようなマイルドな味に仕上がります。

ただし、いきなり大量に入れると胃もたれの原因になるので、徐々に入れてみてください。そして、バターコーヒーのメリットは空腹を感じにくくしてくれること。バターに含まれる脂質からつくられる脂肪酸がエネルギーとなり、空腹感を抑えることができるのです。

ちなみに、レシピサイトなどを見ると「コーヒーに、バターとMCTオイルを入れる」と書いてありますが、必ずしも両方を入れる必要はありません。バターだと胃もたれしやすい人は、MCTオイルのみを入れてもいいでしょう。

ここで紹介したものはあくまで一例。最近は「低糖質」や「ロカボ（ローカーボ）」のメニューや商品も爆発的に増えているので、栄養表示などを自分の目でしっかり見て豊かで継続しやすい食生活を送ってみてください。

意外な「高糖質」食品に気をつけよう

ここまでおすすめの食材をお伝えしましたが、意外と見落とされがちな「高糖質」の食品もお伝えしておきましょう。

例えば、ブラックコーヒーであればいいのですが、カフェラテやカフェオレなどにも意外と糖質は含まれています。「甘くないから大丈夫」というわけではありません。無糖や人工甘味料が入ったものであっても、ミルクには乳糖が含まれていま す。もちろん、1杯や2杯程度では大差がありませんが、仕事中などにガブガブ飲んでいると1日で想像以上の量になってしまうことも。必然的に糖質の摂取量も増えていくので、気をつけるようにしましょう。

あるいは、一部の野菜にも注意が必要です。葉物の野菜は、食物繊維は豊富でも糖質はあまり含まれません。レタスなどのサラダを多く食べる分には構いませんが、例えば、かぼちゃやさつまいも、レンコンや玉ねぎなどには糖質が結構含まれています。野菜にどれだけ糖質が含まれているのか、そのひとつの目安が「どこに生えているか」ということ。根菜など〝土の下〟に実がなるものは糖質が多くなりがちなので、気をつけましょう。

健康なイメージのある野菜ジュース。1日1本を習慣にしている人も多いでしょう。しかし、野菜自体に含まれる糖質に加え、口当たりを良くするために砂糖が大量に投入された商品も。健康のために飲んでいたら、意外と不健康な成分内容だったということもありえますから、少し意識してみましょう。

これらの食材を是が非でもカットしろというわけではありません。

ただし、あらかじめ知識を持っておくことで「知らないうちに、糖質をたくさん摂っていた」という事態を避けることができます。

サプリメントは積極的に摂り入れよう

サプリメントに対する誤った認識

みなさんは「サプリメント」に対して、どのようなイメージをお持ちでしょうか。サプリメントは不足しがちな栄養素を効率的に補ってくれるので、むしろ「バランスの取れた食事をしていたらサプリメントは必要ない」と思っている方も少なくないようです。

しかし、〝食事から栄養を十分に摂る〟ということが、そもそも難しいのです。例えば、体内で非常に重要な役割を担うビタミンC。「バランスの取れた食事」を意識して、頑張ってレモンを毎日1個食べたとしても、1日に必要なビタミンCは圧倒的に足りません。

さらに、筋肉を大きくするとなると、追加でビタミンCが必要です。筋トレを習慣的に行っている人が、1日に必要なビタミンCをレモンから摂ろうとすると、1kg近くのレモンを食べないといけないのです。

ビタミンCの塊のようなイメージのあるレモンですら、必要量が圧倒的に足りていない。いかに「バランスの取れた食事」を摂ることが難しいかわかります。また、果物からビタミンCをたくさん摂取しようとすると、果糖などもたくさん含まれますから、ビタミンを重視するあまり、糖質やカロリーを摂りすぎてしまう可能性もあります。

そんなときに役立つのが、サプリメントタイプのビタミンC。安価で気軽に手に入りますし、小さなカプセルや錠剤タイプのものを選べば簡単に摂取することができます。

体にはビタミンC以外にも他のビタミン類やアミノ酸、ミネラルなど必要な栄養素はたくさんあります。種類も、必要な量も多いなかで、それらすべてを食事からまかなうには限界があるでしょう。加えて、毎日たくさんの量を食べるのは肉体的にも辛いですし、当然費用もかかる。準備だって大変です。必要な栄養素を過不足なく摂取する意味でも、サプリメントを上手に使えばいいのです。

ちなみに、しっかり栄養を摂るために「野菜をちゃんと食べよう」などとよく言われます。しかし、野菜は栄養素の面から言えば大して重要ではありません。実際に、私は普段野菜を食べていません。野菜が好きではないということもありますが、ほとんど栄養素を含まない野菜が多いのも大きな理由。

嫌いな野菜を無理して食べる必要はないですし、野菜も毎日のようにたくさん食べていると高価です。栄養のために無理して野菜を食べているくらいなら、マルチビタミンなどのサプリメントで代用したほうがいいでしょう。すべての野菜に重要な栄養素が豊富に入っているわけではないので、野菜が好きで日常的に食べている人もマルチビタミンの摂取はおすすめします。

ひとつ、野菜を食べる大きなメリットとしては、食物繊維が摂れること。食物繊維はご存知のように、胃腸の環境を整える作用などがあります。とはいえ、これもサプリメントで代用可能。「イヌリン」など食物繊維のサプリも手に入れやすいので、こちらで代用してもいいでしょう。

■積極的に摂りたいサプリメント①「プロテイン」

サプリメントは、足りない栄養素を補ってくれる強い味方。この本で紹介する筋トレ初心者~中級者であれば、ボディビルダーのように、多くの種類のサプリメントを摂る必要はありません。ぜひ摂っていただきたいのは2種類のみ。そのうちのひとつが「プロテイン」です。

プロテインとはタンパク質を高濃度で含むパウダーのこと。プロテインは原材料によって種類が分かれますが、なかでももっともメジャーなのは「ホエイプロテイン」でしょう。〃ホエイ〃とは乳清のことで、ヨーグルトの上部にたまっているあの少し濁った液体です。あれをパウダー状にしたものが、ホエイプロテインなのです。こうやって考えるとプロテインはなんら怪しい存在ではありません。

プロテインを飲めば効率的にタンパク質を摂取することができます。例えば、一般的なホエイプロテインのタンパク質含有量は大体70％以上。つまり、プロテインのパウダーを水に溶かして10ｇ摂れば、７ｇのタンパク質を摂取することができるのです。しかも、水などに溶かして飲むので、30ｇ程度の量を飲むのは容易で、すぐに20ｇ以上のタンパク質を摂取できます。

同程度のタンパク質を鶏むね肉（皮なし）から摂るとしたら、１００ｇの肉を食べなくてはいけません。いかにプロテインが効率的か分かるかと思います。

このプロテインも栄養補助食品のひとつです。本来、必要なタンパク質は肉や魚などの固形物から摂ってもいいのですが、筋肉を大きくするには、多めのタンパク質を摂る必要があります。例えば、体重70kgの方なら、1日に140gはタンパク質を摂取したいところですが、これを鶏むね肉だけでまかなおうとすると、単純計算で640g食べないといけません。500gのステーキを目の前にすると、ビックリしてしまう人もいると思いますが、それよりも大きなボリュームになるわけです。

毎日、必要なタンパク質を固形物だけで摂るのは辛いという人がほとんどではないでしょうか。食べられない分や不足したタンパク質は、プロテインを使って上手に補填しましょう。

気をつけたいのが、プロテイン選びです。目安は、タンパク質含有量が70%以上。いくら安くても、タンパク質含有量が少ないとコスパは悪くなってしまいます。費用や味などを考慮し、自分好みのプロテインを選んでみてください。

プロテインを摂るべきタイミング

おすすめのサプリメントとして挙げたプロテインは、飲むタイミングも重要です。特に優先したいのが、トレーニングの前。プロテインは消化吸収されるとアミノ酸になり、血液中を漂います。その血中のアミノ酸濃度が十分に上がった状態で筋トレを行うと効果的です。

ホエイプロテインは消化吸収が早いとはいえ、それでも1時間は見ておきたいので、筋トレの1時間前に摂るようにしましょう。

そして次に優先したいのが、寝る前です。睡眠時は体を休めてはいますが、まとまった時間、何も食べない状態が続いています。すると、栄養補給ができず、体内のアミノ酸(タンパク質)の量が低下する原因に。せっかく鍛えた筋肉の合成も思うように進まないため、寝ている間もなるべく体内のアミノ酸量が高い状態をキープしておきたい。そこで、寝る前のプロテインが効いてくるのです。

ちなみに、寝る前に飲むプロテインにオリーブオイルなどの油を入れておくと吸収が穏やかになります。ゆっくり時間をかけて吸収されていくことになるので、体内のアミノ酸の量もより高い状態でキープできるのです。

ここまでお伝えしたように、筋トレを習慣的に行う生活において大事なのは、体内のアミノ酸（タンパク質）の量を高い状態でキープすること。この観点から考えれば、プロテインを優先的に摂るべきタイミングが見えてきます。

例えば、空腹の時間が長く続くのはよくありません。そうしたときにプロテインを飲むというのは賢い選択。一方、普段の食事でタンパク質は摂れるので、食事の直後にプロテインを飲む必要はありません。ランチと夕食の間など、時間が空いてしまう食間のタイミングに飲むのはいいでしょう。

プロテインのパッケージの裏には、「プロテインを飲むべきタイミング」として、「運動後」や「寝起き」とよく記載されています。しかし、筋トレの1時間前にプロテインを飲んでいれば、運動後に無理に飲む必要はありません。同様に、朝食をしっかり食べる人であれば寝起きにプロテインを飲む優先度も低くなります。朝食を食べない人であればプロテインを朝食代わりにするのもありですが、無理して飲むほどではありません。

優先順位をまとめると、「①筋トレの1時間前→②就寝前→③寝起きや食間」という流れです。

基本的には、筋トレと睡眠の前には飲んでおき、1日に摂取すべきタンパク質量との兼ね合いを見て調整してください。肉や魚などを多く食べた日は、たくさん飲まなくても大丈夫。忙しくて食事の時間がなかなか取れなかったり、タンパク質が少ない食事になっていたら、プロテインで不足分を補うようにしましょう。

積極的に摂りたいサプリメント②「マルチビタミン」

筋肉を発達させるために、もうひとつおすすめしたいサプリメントは「マルチビタミン」です。

ビタミンは体内の「酵素の働き」を助ける存在です。酵素は、体内の化学反応に大きく関わっており、例えば、脂肪の分解はそのひとつ。あるいは、タンパク質はアミノ酸に分解され、そのアミノ酸から筋肉が合成されるわけですが、この消化・吸収・合成という一連のプロセスには酵素が不可欠です。そして、酵素はビタミンがないとつくられません。ですから、ビタミン不足やそれに伴う酵素不足が起きると、頑張って筋トレしても、あるいは頑張ってタンパク質を摂取しても、思うような効果は得られないのです。

ビタミンは体にとって非常に重要な存在にもかかわらず、先ほどもお伝えしたように普段の食事だけだと十分な量をしっかり摂ることができません。
そこで、「マルチビタミン」で手軽に補いましょう。ビタミンを摂る際に、ビタミンCやビタミンAなどを個別に摂ってもいいのですが、摂るべき種類がたくさんあって、すべて個別に揃えるのは意外と大変。マルチビタミンで一気に摂取してしまったほうが効率的と言えます。

このマルチビタミンは、ドラッグストアでも安価に、そして気軽に手に入れることができます。ただし、ビタミンの含有量には気をつけましょう。ドラッグストアなどで売られている日本製のものは、意外と含有量が少なめ。海外製の量が多く入ったものをネット通販などで購入したり、日本製でもラベルを見てなるべく含有量が多いものを選びましょう。

なかには「ビタミンの摂りすぎ」を心配する人もいるかもしれません。しかし、ビタミンは飲みすぎても大丈夫です。ビタミンCやBなどの水溶性ビタミンであれば、体に不要な分は尿と一緒に排出されます。また、ビタミンAやDのような脂溶性ビタミンも、摂りすぎによる副作用はまずありません。基本的に足りていない人が多いので、含有量が多いものを選んでおけばいいでしょう。

マルチビタミンは、1日に3回飲むようにしましょう。

「ちょっと多くない？」と思われるでしょうか。しかし、ビタミン類は体外に排出されやすいという特徴があります。すると、一度に多く飲むより、回数を分けこまめに飲んだほうが、体内のビタミン量を高い水準でキープしやすくなります。また、マルチビタミンも飲むタイミングが重要。空腹時にマルチビタミンを飲んでしまうと、尿などによって排出されやすくなります。したがって、寝起きなどに摂るのは非効率。排出しにくいタイミングを考えると、食後に飲むのがベストです。1日3食しっかり取っている人であれば、食後に飲むようにするといいでしょう。

ちなみに、筋トレの上級者に差し掛かると「クレアチン」などのサプリも追加したほうがいいのですが、それはずっと先の話。この本でお伝えしているような初級～中級であれば、プロテインとマルチビタミンで十分です。

第4章

Q&Aで学ぶ筋トレ効率がUPする生活習慣

Q

学生時代の体育の授業以外でまともに運動したことがありません。そんな人でも筋肉はつきますか？

A

もちろん、筋肉はつきます

むしろ初心者のほうが〝ボーナスタイム〟があるので有利です。また、自分のことを運動音痴と思っている人もいるでしょうが、筋トレは運動のセンスを必要としません。

Q

筋トレで体を絞りたいのですが、マッチョにはなりたくありません

A

心配無用、簡単にマッチョにはなれません

ましてボディビルダーのような肉体は血の滲むような努力が必要。体は徐々に大きくなるので、服のサイズなどが気になったら、途中で一度ストップすればいいでしょう。

Q

仕事柄、昼夜逆転しています。深夜に筋トレしても大丈夫ですか？ また、筋トレをするのに避けたほうがいいタイミングを教えてください

A

深夜に筋トレをしても大丈夫

もっとも大事なことは、どのタイミングでもいいので、毎回同じ時間帯に筋トレを行うこと。時間帯が日によってバラバラだと筋肉の合成が下がるからです。

Q

筋トレ前のストレッチは必要ですか？

A

やる必要はありません

筋トレ前にストレッチをやりすぎると、筋力が落ちる原因に。筋肉が伸びてしまい、縮む力が弱くなってしまうからです。ちなみに、怪我の予防にも効果はないので、わざわざやらなくて大丈夫です。

Q

筋トレ前に何かエネルギーになるものを食べたほうがいいですか?

A

食事後2〜3時間のタイミングなら別に食べなくて大丈夫

それよりも間が空いた場合は、消化が早く、脂分の少ないもの、そしてタンパク質が多いものを食べるといいでしょう。プロテインはおすすめですし、（糖質の量を気にしながら）バナナなどもいいでしょう。

Q

筋トレの合間の水分補給はスポーツドリンクのほうがいいですか？

A

本書のレベルなら、水で十分

筋トレ中にはアミノ酸が含まれたドリンクを飲むと効率が上がりますが、スポーツドリンクをわざわざ飲むメリットはありません。むしろ、砂糖がたくさん含まれることも多いので、糖質の摂りすぎに気をつけてください。

Q

筋トレ中の呼吸の仕方について教えてください

A

息を止めないように注意しましょう

特に筋トレの後半になってシンドくなったり、力んでいると呼吸が止まりがちに。血圧が上がる原因になるので気をつけましょう。ただし、本書の筋トレの内容なら、呼吸法まで細かく考えなくても大丈夫なので、このポイントのみ注意してみてください。

Q

EDMなどの「アガる音楽」を聴きながら筋トレしたほうが効率はいいですか？

A

関係ありません

むしろ、音楽を聴きながら筋トレをすると、男性ホルモンが下がるという研究も。聴いてダメではありませんが、別に効率はアップしません。

私は集中するために筋トレは無音でやっています。

Q

ジョギングが趣味なのですが、筋トレと同じ日に走っても大丈夫?

A

30分程度なら問題ありません

しかし、長時間に及ぶと筋肉の分解を促進してしまいます。ジョギングが趣味で長時間走るという方は、筋トレとは別の日にやったほうがいいでしょう。

Q

筋トレ後にはストレッチしたほうがいいですか？

A

筋トレ後のストレッチは有効です

鍛えた部位を中心に、ゆっくり伸ばすことを意識しましょう。血液の循環も良くなり、発痛物質が流れやすくなって筋肉痛が緩和したり、栄養が筋肉に届きやすくなります。

Q

筋トレ後、湯船につかっても大丈夫?

A

問題ありません

体を温めることで血液の循環も増え筋肉の合成が早まります。逆に冷やすのは、筋肉を大きくする上ではＮＧ。おすすめは長時間入れる38度くらいで行う半身浴です。

Q

サウナはダイエットや筋トレのためにいいんですか？

A

筋トレにもダイエットにもほとんどメリットはありません

むしろ、汗からミネラルが出ることで、ミネラル不足の原因にも。止めはしませんが、特におすすめもしません。サウナの本場であるフィンランドでも、フィンランド人が飛び抜けて痩せているというわけではないですよね。

Q

筋トレ後に最適な睡眠時間は?

A

特に決まった睡眠時間はありません

その人に合っていれば、短時間睡眠でも大丈夫です。実は体の回復には血液循環が重要。横になると、立っているときより内臓の血流が3倍に増え、体の回復が進みます。寝なくても、横になってネットフリックスなどを見ているだけで回復していきます。

Q

筋肉痛が長く続くのですが、その場合は筋肉痛が収まってから筋トレしたほうがいいのでしょうか?

A

いいえ、筋トレをしても構いません

筋肉痛の原因は「発痛物質」であり、タンパク質の分解とはイコールではないからです。筋肉が分解され合成が完了するまでの期間を空けていれば、気にせずに筋トレしましょう。

Q

「筋トレすると男性ホルモンが増えてハゲやすくなる」って本当？

A

気にする必要はありません

確かに、筋トレで男性ホルモンは増えますが、あくまで正常範囲内。男性ホルモンが多かった若い頃はふさふさだったでしょう？　薄毛の原因は別にあると考えてください。

Q

血圧が高いのですが、急に筋トレを始めても大丈夫でしょうか？

A

基本的には大丈夫です

ただし、頭が下にくるような種目は避けたほうがいいかもしれません。心配な人は、スクワットのように頭が上にくるような種目を優先してもいいでしょう。大事なのは、筋トレ中に呼吸を止めないこと。血圧が上がってしまう原因となります。

Q

脂肪が減ると風邪をひきやすくなると聞きましたが本当ですか？

A

本当ですが、ほとんどの人には無縁です

免疫細胞の働きが低下したり、病気にかかりやすくなるのは、体脂肪率が10％以下になってからの話。ちなみに、体脂肪が多いからといって免疫力が上がるわけでもありません。

Q

仕事や家事などで慢性的に疲労気味なのですが、筋トレしても大丈夫？

A

大丈夫です

動けないほど疲労困憊しているのでなければ、むしろ筋トレを行うことをおすすめします。筋トレで血流が増え疲労物質が流れたり、パワーや体力アップ、疲れにくい体づくりを助けます。疲れやすい人ほど、実は筋トレをしたほうがいいのです。

Q

筋トレの効果を高めるために控えたほうがいい食品添加物などありますか？

A

特に気にする必要はありません

人工甘味料なども気にせず摂取しても大丈夫です。ただし、気をつけたいのは酸化した油。動脈硬化などの原因になります。特に、茶色くなってしまった油は避けるようにしましょう。

Q

プロテインは腎臓に悪いという話も。本当に飲んで大丈夫?

A

心配無用です

タンパク質をたくさん摂ったからといって、腎臓や肝臓に悪影響は出ません。よく、〝人工的〟なタンパク質という文脈で批判もされますが、それならばきな粉やかつお節、オリーブオイルも人工的に抽出された食品になります。

Q

筋トレ後にビールを飲んでも大丈夫？

A

なるべく飲まないようにしましょう

アルコールがトレーニング後の筋肉の合成を妨げてしまいます。筋トレの翌日に飲む分には問題ありませんし、会食などがあるのであれば、朝に筋トレをしておけばまだマシです。

Q

筋トレを始めて数か月、体重や見た目にあまり変化がなく、効果が感じられません。考えられる原因は?

A

体がトレーニングに慣れてしまったことが原因でしょう

徐々にハードな内容にしたり、種目を替えることで刺激を変えてみましょう。ただし、コロコロと替える必要はありません。筋肉の成長が3~4週間以上停滞してきたと思ったら、種目替えを考えてみてください。

Q

自宅にある体重計（体組成計）でも、正確に体脂肪率の増減を測定できますか？

A

測る時間や条件を一定にすれば大丈夫です

一般的な体組成計では、水を飲んだ前後でも体脂肪率の増減が起きます。これは測定方法の仕組み上、仕方がないので、「毎日、朝起きてお手洗いに行った後に測る」など、測定する際の時間や条件を一定にしましょう。

Q

EMS（微量の電気を流すことで筋肉を刺激する機器）を使い続ければ、シックスパックは手に入りますか？

A

かなり厳しいでしょう

お腹に脂肪がほぼ無いなら可能性は0ではありませんが……。筋肉への刺激という意味ではかなり微妙。「筋肉の回復に効く」という意見もありますが、それなら低周波治療器のほうがいいです。

Q

ジムに入ってみようと思います。リーズナブルな24時間営業系か、プールなども付いた複合的なジムなど、どのジムを選べばいいですか？

A

設備の充実度よりも「混んでいないジム」を選びましょう

最新マシンが並んでいても混んでいると、思うように鍛えられません。自分が通いたい時間帯に見学をしておきましょう。加えて、自宅から近いジムを選ぶのが長続きのコツです。

おわりに

２０２１年現在、筋トレブームはまだまだ終わりそうにありません。パーソナルジムが乱立し、ジョギングの代わりにダンベルを持ち上げる人も増えてきました。

しかし、ブームというのはいずれ去るもの。その原因の最たるものが、「正しい情報が伝わっていない」ことではないでしょうか。残念ながらブームに乗って目先の利益を上げようと、「2週間で肉体改造！」「一日三分のトレーニングでＯＫ！」など、甘い言葉を使った明らかなウソで初心者を釣り上げようとするコンテンツも多いようです。どんな分野であれ、ビギナーは「コツ」を知りたがり、苦労しながら地道にやっていくことを好まないもの。

ですが、表面だけ追いかけて正しいやり方を知らず、間違った方法で続けているようでは、もちろん効果も出にくく、すぐ飽きられてしまいます。結果の出ない筋トレを続ける人が増えれば増えるほど、ブームは終わりに近づいていくものだと思っています。

本書では最新の知見に基づき、初心者・初級者にとってもっとも効率的なメソッドをお伝えしましたが、それでも筋トレは地道にやることが必要です。「トレーニングは薄いセロファンを一枚一枚、体に貼り付けていくようなものだ」というのはあるプロレスラーの言葉。ちょっとトレーニングして、明日には見違えるような体になるのは不可能なのです。

一方で、正しい方法で地道に頑張りさえすれば、必ず効果が保証されるのが筋トレです。そこに才能は必要ありません。私は中学で陸上部に所属していましたが、毎日スプリントの練習をしているのに、足の速いサッカー部の友人に勝てず、悔しい思いをしたものです。もともとの資質の違いというものを実感した出来事でした。

しかし、筋トレは違います。私が筋トレを始めたのは高校生の頃でしたが、そこから少しずつ、少しずつ筋力が伸び、ついには学校一の力持ちにまでなれました。近道は存在しませんが、行き止まりがなく、どこまでも歩いていけるのが筋トレだと言ってもいいでしょう。

本書は筋トレブームが長続きし、願わくは多くの人のライフスタイルとして定着して欲しいという想いを抱きながら書き上げました。正しい方法、地道に続けさえすれば必ず効果が出る方法を分かりやすくまとめたつもりです。

まだ筋トレをやったことのない人には「これからの人生において、筋トレの喜びを知る機会がまだ残っているなんて、あなたはなんて幸せなんだろう」と伝えてあげたいものです。

また、今は肉体改造が若い世代で流行っていますが、高齢者の健康管理にも筋トレは欠かせません。そして高齢者こそ、正しいやり方で筋トレをする必要があります。この書を手に取った方は、ぜひご両親にも手渡してほしいです。

筋トレブームがこの先も長く続き、若者から高齢者まで筋トレがライフスタイルに組み込まれていくことを願いつつ、筆をおきたいと思います。

２０２１年８月10日　山本義徳

超初心者でもよくわかる! 自宅でできる

筋トレ大学

2021年8月31日発行　初版第1刷発行

著　者　山本義徳《やまもとよしのり》

発行者　久保田榮一

発行所　株式会社扶桑社

〒105−8070

東京都港区芝浦1-1-1　浜松町ビルディング

電話 03-6368-8875(編集)

03-6368-8891(郵便室)

印刷・製本　大日本印刷株式会社

カバー・本文デザイン　サカヨリトモヒコ

イラスト　久野里花子

編集　松原麻依

ISBN 978-4-594-08851-4